PEACE

**Molana Salaheddin Ali
Nader Shah**
ibn
**Molana-al-Moazam Hazrat
Shah Maghsoud Sadegh Angha**

"Pir Oveyssi"

Book: Peace

Author: Salaheddin Ali Nader Shah Angha

Date written:1987

1st Edition: 1987

" Peace "

LIBRARY OF CONGRESS CATALOG No. 87-063381
I.S.B.N.   0-910735-12-3
                  PUBLISHER:
    M.T.O. SHAHMAGHSOUDI, PUBLICATION
    P.O. Box 209
    Verdugo City CA. 91046
       Printed in the United States of America

TABLE OF CONTENTS

IN THE NAME OF THE ALMIGHTY

Introduction

The ever prevailing disputes, confrontations, international conflicts and wars, which have brought nothing but uncertainty, agitation, destruction, hardship and tribulations to societies, pose a serious threat to societies and to the peaceful coexistence of humanity. The creation of peace societies and peace groups throughout the world has been the expression of a silent cry of fatigue and protest of humanity for enduring so much deprivation and suffering from abrasive economic and political disputes, and from international wars.

The many arduous and bureaucratic channels set up through international conferences and superpowers for peace only reflect their lack of stability and straightforwardness. The promulgators of peace who seem persistent in their efforts to devise workable alternatives and solutions, are nevertheless looking for ways to protect the benefits of the parties in the war. If all such admirable efforts should be directed towards a correct channel, temporary but effective results would be assured. However, because mutual trust, confidence and understanding do not exist between the parties, most open and closed summits and conferences are simply an imposition of ideas or a political chess game. Thus, it is seen that after each treaty or agreement is signed, third parties are designated to enforce the terms of agreement.

Therefore, the concept of peace is nothing new. It has been discussed under varying circumstances and conditions throughout the world in different epochs. Some men envision while others fantasize about the day that peace will reign. General efforts for peace have not attained conclusive results because the essential goal is out of sight, and because unequal rights and policies of segregation prevail.

In the midst of this search for peace, individual, racial and religious accession for power prevent reaching definite, practical results for peace. Hitler, as an example of a promoter of racism, through racism and nationalism, intended to consolidate domestic control, create a unified language and party, as well as undertake genetic research to promote and foster a selected "race" for Germany and other countries. It is in keeping with this same ideology that some other groups have been created with propositions for such artificial unifications with different labels since the 1900's, but, in fact, they are also nothing more than methods to control and rule.

The present text consists of the address given by Hazrat Molana Salaheddin Ali Nader Shah Angha, Pir Tarighe Oveyssi, at an extraordinary assembly of students, scholars, government representatives, and peace organizations in Washington, D.C., on 2 December 1987, hosted by The American University.

We requested that his holy eminence allow this unprecedented address to be published and made available for the instruction of seekers of the path of truth, and for the enlightenment of international research institutes, and of humanity in general.

Having granted our heartfelt request, Hazrat Pir said:

> **The contents of this address are only a small reflection of the sublime blessings and extensive teachings of Molana Shah Maghsoud Sadegh Angha, Pir Tarighe Oveyssi. Earlier, through his unparalleled writings, he has made humanity aware of the invaluable richness that lies within man, and the meaning of true human relationships. Those messages have been the truth to guide the true leaders of thought, and to bestow prosperity and happiness upon mankind.**

The importance of this event, and the very welcome words of his eminence, prepares the minds of freedom-seeking and humanitarian people of the world to be a fertile ground for the growth and harvest of freedom and peace. We therefore embark upon this sacred task of bringing this message to the freedom thinking and compassionate people of the world. Perhaps the result of this communication and its spiritual blessings will be the convergence of unity among all nations and thinkers of the world.

This undertaking, which is done with noble and deep spiritual intentions, extends the hand of friendship to you as a reader, and urges each of you to reflect upon its message with a free and unbiased mind. The reason is that in these trying times humanity must overcome all barriers to freedom and peace.

This treatise bears the responsibility of elevating the hearts of people—which, in the main, have remained alien and aloof—and uniting them through the outstanding teachings of the School of Islamic Sufism (Maktab Tarighe Shahmaghsoudi). It is a message from the harvest of devotion and love. This treatise, which issues from the grace of the Almighty God and is kindled with the warmth of unity and sincerity of the truthful of heart, is the light of guidance and salvation of humanity out of the abyss of destruction.

The books *Dawn, Manifestations of Thought, The Mystery of Humanity, Nirvan, Message from the Soul, The Principles of Faghr and Sufism, Chanteh—The Realm of the Aref, The States of*

iv

Enlightenment, The Light of Salvation, Psalm of the Gods, Purification and Enlightenment of Hearts, Al-Salat, The Magnetic Body and a total of one hundred and fifty additional books from the writings of Hazrat Molana Shah Maghsoud Sadegh Angha, Pir Oveyssi, are a rare treasure of thought to guide the individual and human society toward prosperity. This prophetic mission has been put at the disposal of universities throughout the world for research and study, and for the continuous peace and tranquility of humanity.

We firmly believe that awareness and acquaintance of human societies with true culture and real education hold the promise of increasing the flowering of prosperity and happiness of humanity a hundredfold.

As a reader, you are also responsible for propagating right, peaceful and constructive methods of instruction for present and future generations. How magnificent is a united, reflective and constructive society that propagates the true teachings with the inspiration of love, the power of devotion, and with freedom from prejudice, and from futile and delusive thoughts. We must keep away from our hearts the unfruitful thought that others must do the work for us. We must know and be sure that **it is man who is the architect of his own environment.**

The merchants of politics and economics fear any type of true congregation and union. The continuance of alienation

v

among people is in line with their policy of "divide and rule." Therefore, the stability and freedom of any goal depends upon its faithful and devoted pioneers. Peace-seeking people of the world are no exception to this rule.

This grim world is in urgent need of the rays of the pure *Dawn* and the more brilliant light of knowledge and cognition. The light of sincerity of the righteous, the firm confidence of true personalities, and the solid foundation of the devotees are the rays of hope for bright days for humanity.

International Coordinating Board
Maktab Tarighe Oveyssi Shahmaghsoudi
(School of Islamic Sufism)

بسم الله الرحمن الرحيم

والذّين جاهدوافينا لنهديتّهم سبُلَنا

In the Name of the Almighty

"Those who strive to believe in My realm,
We will guide them to Our Paths."
(Holy Koran, 29:69)

*Professors, Scholars, Honorable Members of the Audience,
Dear Sisters and Brothers*:

Invocation: Praise be to the sublime realm of the All-Knowing God who conferred the robe of glory and balance in its perfection upon all creation; and set in motion the earth and heavens with His exalted grace and wisdom so that they be the abode of cognition and affection; and within the infinite core of man, He placed the measure of balance, justice and love to be the guiding light for the elevation of man's being toward the Supreme Essence of Existence.

In executing the true meaning and message of *ma'rifat* (cognition), I consider today as a blessed occasion and declare:

The current agitated state of the world, and the unstable human relationships within it, are the result of a combination of unfavorable events and the intentional or unintentional pursuit of unfounded and disruptive ideologies of the past as well as the present. Thus, all the innate values, possibilities and resources which lie within the very core of man are in danger of destruction. This is a danger signal which must alert and propel humanity at this age—especially reflective and peace-seeking individuals throughout the world—to think and ponder upon deeply.

1

The social structures of different nations, and the human beings within them, in their own way, bear the mark of a grim heritage and unstable systems. All are and have been victims of hardships—psychological, political, economic—as well as of military pressures and warfare. Under the chains of these destructive wheels, all individual and collective values, and the resources of humanity, are being destroyed. Not even the instigators and executioners are spared. Hearts bear the pressures of hardship and restrictions, and the cries of complaint seeking refuge from tyranny and injustice, no longer recognize the way to rectification and freedom.

It is time that attention be given to the glorious words of truth and revelation of the Almighty God in the *Holy Koran*:

> *On that day* man will say: What is the way to redemption and refuge? يقول الأنسان يومئذ اين المفر

Sura [Chapter] *Quiyamat* (Resurrection) 65: Verse 10

Is today not *that day*? Is it possible that humanity be advanced in appearance, yet at the same time be disquiet and vengeful? Should it not recognize and know the true word of peace and tranquility in the infinite Book of Existence, and by the true cognition of human dignity, exchange this state of hell-fire for the promised paradise?

This is the essential point! Whether or not social theorists and leaders of humanity recognize this goal, it nevertheless exists within the different conscious level and social ideology of every individual.

Peace for War, or War for Peace?

This is the profound question each inquiring and research-minded person must ponder, because the history of humanity is laden with innumerable belligerent and destructive political actions. Regional, tribal, national, religious and world wars have filled the pages of the books of human societies. Of course, in all these incidents both the aggressor and the defender consider themselves the just. The victor demands recompense while the defeated awaits revenge and draws up plans to wage war anew.

This is the history and the inheritance of humanity, passed on from generation to generation, each living in fear of the other. Aggression and defense are conveniently defined to justify whatever actions are taken. Honor and respect for true human rights have been suffocated and buried, and the arms race has totally disabled mankind to think rationally.

However, the ruling powers do not refrain from an arms buildup, nor from planning for war. They consider these activities both essential and inevitable. All gestures that seem to be

directed toward peace, all supposedly international peace confer-
ences, are but preparations for war. War is seen as the necessary
means for the propagation and establishment of a lukewarm
peace.

Institutes that pretend to be scientific and today's advanced
technology, are in reality no more than robots in the service of
the promoters of economic wars. Nationalism and the imagi-
nary boundaries between nations, as well as racial and indi-
vidual ideologies, are indirect means of control and propaganda
aimed at gaining public support for the promotion of revolution,
aggression and murder. It is ironic that nations, both victors
and vanquished, are both peace-seekers, and sit around interna-
tional conference tables with equal rights and votes! Then what
are wars for?

All these questions, and many more, direct our attention to
these all-important questions: *What is peace?* Where and under
what conditions will it prevail? Seven thousand years of written
human history, plus millions of years of evolution of the
human species, bear witness only to the endless excuses of
humanity to justify its shameful, ruthless, aggressive and
destructive actions. After the passing of so many centuries, man
has not only *not* reached his goal of a relatively continuous
peace, but, in spite of the rapid advancement and expansion of
science which offered great promise, has strayed even further

from the realm of true peace.

The word "peace" in the minds and consciences of many has been discussed as a symbol and perfect model for human ethics and social justice. Realistically, however, it has proven to be nothing but a distant illusion, shaken and obliterated by the slightest incident.

My father, Molana-al-Moazam Hazrat Shah Maghsoud Sadegh Angha, Pir Oveyssi, in the book, *Message from the Soul*, says:

> The lie knows not truth; wickedness knows not grace; and cruelty knows not justice.

If man knew "peace" in its absolute and complete meaning, he would not accept philosophical definitions, distorted ideologies, and fantasies. At least the results for peace so far would have been as progressive and stable as discoveries and advances in the scientific fields. Just as the sources of heat and energy have today shifted to atomic plants, and the electric light has replaced the candle, similar advance in the art of peacemaking would have ensued so that, small-scale tribal disputes, or merely the trespassing upon a neighbor's property, would not have escalated into two extensive World Wars. Nor would psychological, economic, racial, ideological or religious wars be fomented, as they are today.

We can say, therefore, that during the course of history, mankind has not neglected to learn well the ways of warfare and to develop more efficient and destructive arms. And, at the same time, man has *not* learned the true meaning of peace, so that his endeavors could produce better results.

We can observe throughout the world that for the development of the smallest tool, or for improvements in health care, or for the development of technological equipment and products, the means and expertise of men are not spared. But for genuine peace-seeking students, who should become the future leaders of societies, the education and advancement of peace has been sorely neglected and postponed.

The most fundamental principle in the teachings of *Erfan* (known in the West as Sufism) is: **Unless a subject is completely known, its benefits and, ultimately, the necessity to make effective plans for its fulfillment, will never be implemented.** With regards to peace then, if the most eloquent words and ideas are presented to the public solely through speeches, books or declarations, peace will *not* be known. These exercises only provoke their audiences to entertain an imaginary hope for peace, in a possible state of euphoria, with the promulgators most likely achieving acknowledgment and honor. But it will not be long before both audience and advocate become disillusioned.

War does not secure peace. The reason for war is mainly to protect existing power structures and economic interests—and not to resolve conflicts. The protection of economic gains and the unnecessary transgressions of human societies, resulting from the insecurity and mental imbalance of people—and, ultimately from those of the ruling powers of societies—are the main reasons for the outbreak of international conflicts and disputes, as witnessed by World Wars I and II.

In the old days, slavery and the exploitation of natural and human resources was carried out mainly on small, regional scales. Selfishness manifested itself as an individual illness, and resulted in aggression and, taken far enough, in war. Although their outward structures have changed through the intervening centuries, slavery and exploitation, and the transgression and pillage of a country and its heritage, still lie beneath the masks of national and international movements. World War II and the realignment of national geographic regions, the shifting of economic powers, and the emergence of new political powers for the exploitation of different economic regions of the world, are all examples. It is obvious, therefore, from these actions, that through the implementation of such methods, their intention is not the establishment of peace, but the elimination of postwar disputes, which, in effect, protects the gains of the conquering nations.

The division of countries into Eastern and Western Bloc nations by force and the placement of the Allied Forces in Europe, Asia and Africa, are the practical examples of the definition of peace in the aftermath of World War II. The theories of peace advanced by Eastern Bloc powers, and their political and ideological propaganda, are directed at the exploitation of the economic resources of other nations. This setup, in effect, serves the central regime, and fosters slavery and exploitation for its own power and survival.

The foregoing analysis and explanations show that today's societies are manipulated by the advocates of international economic systems. Although people cry out for peace and freedom, they are merely puppets in the hands of the economic ruling powers who are planning and instigating further conflicts and disputes for more gain and power.

It is both absurd and ironic to note that exploitative regimes engage other groups to implement their baseless but public-appealing theories. These theories may be "marketed" under the name of political parties, or they may be "minute-made" religions claiming to foster equality and brotherhood, using appealing terms such as "House of Justice," or they may push for a unified language, ideology, or currency, or call for the elimination of national boundaries, and ultimately even attempt to establish a unified religion. All these ideas, which may at first appear quite promising, really only propagate further conflicts and disputes, and are tools for new leaders to gain control and power.

Realistically, nothing will have changed; only new names will have replaced the old ones. However, the social and cultural losses incurred will be far greater than those of the present situation.

It is necessary at this time to point out that these "unifying ideas" have been borrowed from the fundamental principles of Islam. However, they are incomplete and the result of a defective understanding of the depth of the teachings of Islam. The way to the realization of these teachings is an elaborate subject, which has come to fruition in the teachings of *Erfan*.

The international laws which have been passed down, reflecting the inheritance of the bitter and ill-fated experience of the past few centuries, have their strength and power only in the pages of long, drawn out treaties and books. They have no effective enforcement sanctions. The ideas and beliefs of mankind in the past for individual and spiritual tranquility, peaceful understanding and coexistence, rational and stable international relations, have unfortunately *not* resulted in a universal and practical solution.

Laws promulgating peace have appeared as far back as in the stone tablets of the Achaemenians and Sassanians, both at having ruled ancient Persia, as well as in the detailed interpretations of the law by the Romans which had been mere excuses to protect their own conquests and empire, and to define the rights of citizens and slaves.

In Homer's poetic thoughts, peace is seen as the harmonious coexistence of people and societies. He sees social justice as the means for individual peace in society, although he does not say what means and methods must be used to attain this goal. On the other hand, the peace-seeking and freedom-loving Romans, with their use of military strength and force, created fear and strife, and extended their empire. They considered anyone not a Roman to be a slave, and labeled the Syrians and Jews as naturally born slaves.

In Greece, Plato and Aristotle molded their concepts of government and society in the *Republic* and *Politics*. They presented man in relationship to his inner dimension as well as to his external environment and society. It is from their time that human values are viewed from the perspective of social values. Thus, man gave personality and value to his "social molds" and recognized that the way to peace and social welfare was adherence to social laws and ethics. However, these ideas have become mere topics of discussion among students of succeeding generations—without having had any effective results.

From the Middle Ages to the present day, the evolution of

human thought placed more emphasis on perceived and growing material needs, and therefore directed man's attention towards economic resources and alternatives. Adam Smith (1723-1790), the father of capitalism, considered individual needs and material interests as the causes of social movement. He considered obedience to social laws as necessary for social behavior as well as for the economic welfare of the individual.

Humanity was thus directed towards greed and endless material desires. The ethical and moral codes of societies were uprooted for a new economic design—the economics of "self interest." The capitalist wanted more and more, and became addicted to exploitation. Commerce and economics remained at the mercy of the interests of particular individuals. The rest of humanity, as in preceding centuries, became slaves to the greed of their exploiters.

In his turn, Karl Marx, following Hegel's ideology, saw that support for the working classes and the proletariat against the bourgeoisie was a way to combat capitalism. It was his advancement of a sort of antithesis to combat the thesis of capitalism. But, in reality, his idea is nothing new. The idea of the suppressed rising up against their oppressors goes back to the gladiators rising up against the Roman Gentiles; to the Jews and the ancestors of the English against the conquering Romans; and even to Gengis Khan and the overthrow of the oppressive Chinese Empire of the time. There are innumerable other examples as well, but the reasons for them really all come down to this: the protection and expansion of territorial boundaries, and the obtaining of economic gains for a particular individual or group of individuals.

Man has discussed and propounded ethical principles and morals in societies, but this implementation is essential so long as it does not impinge upon his personal economic benefits, nor prevent him from reaching his expansionist goals. However, in encountering the slightest opposition, he sets out to demolish it—and thus, conflicts and wars ensue. Therefore, current or future wars are not the cause of peace, nor will they foster peace and tranquility.

The absence of conflict or wars are insufficient reasons for believing that peace exists. This may be compared to a dormant period in a disease that will break out in its time. Cold war propaganda, regional agitations, indirect covert activities in the affairs of other nations, pave the way and create a suitable ground for more extensive wars in the future.

The Divine Scriptures and Peace

In the history of humanity, there is another way of action and belief—one not bound to custom, tradition, race, culture, personal or social ideologies, and philosophies, yet capable of changing the course of human destiny. However, public belief in this course, for many reasons, has been diverted from its true path and remains estranged from the true teachings of the Holy Prophets.

The history of the Jewish people, especially their liberation from the rule of the Pharoah under the guidance of the Holy Prophet Moses (peace be upon him), is important to consider. On the basis of the commandments of the Almighty God and his holy mission, the homeless Jewish people, who were enslaved for generations and had forgotten the need for freedom, were encouraged by the awakening voice of the Prophet Moses. They gave up their meager livelihood in Egypt and set out for the Promised Land.

Only a handful of the liberated really paid attention to and practiced the teachings of the Holy Prophet Moses. Most of those who followed the Prophet to the green valleys of Jordan to Israel did so for new economic opportunities and benefits. In reality, it was not the words of the Prophet nor his presence that mobilized the people, but existing pressures and oppressions would have propelled them to listen and follow anyone with an ideology that promised more tranquility and security.

This example shows how outdated ideas, with the passage of time, turn into superstitious and superficial rituals, and become barriers to the truth. For the same reason, the true Promised Land—which in the message of the Prophet was the place for true peace and tranquility as symbolized in the word *Shalom* (in Arabic, its equivalent is *Salaam*, meaning peace and tranquility)—was taken to mean settling in the Jordan Valley or within the walls of Jerusalem. History shows that the many wars that have been fought on this land do not embody the interpretation of the word "peace" which is: "Thou shalt love thy neighbor as thyself" (Lv. 19:18).

Would not mere obedience to the outward meaning of this Commandment have prevented transgression upon the internationally recognized territorial rights of other nations? The answer is in the affirmative. The reasons were based upon existing political policies, which were rooted in protecting economic benefits.

Has the current economic world been so just in its distribution of wealth as to create rational and shared territorial boundaries between nations, thereby removing the need for transgressions? For the world to be redeemed from its current state of inflation and other economic difficulties, and artificially created economic strife and famine for other nations, this Commandment of the Holy Prophet Moses (peace be upon him) of "love thy neighbor" must be followed.

In the Old Testament (Isaiah 32:17), peace is stated as being dependent upon tranquility and security, which result from righteousness. But what is righteousness? If its fruition in human societies should be seen in the prevalence of peace and tranquility, then why has it not existed so far?

As a brief assessment of the situation, I have to say that the teachings of the prophets and the commandments of God are used as no more than empty statements in human societies. Moreover, a true understanding and practice of these sacred words is not seen in the depth of man's spiritual and moral realization. Had they been realized, their beneficial results would have been apparent immediately. If it should be asked how, I say as the root of truth and justice of knowledge in the structure of any tree results in suitable, healthy fruit in its appropriate season, so the roots of truth, justice and knowledge would result in a suitable and fruitful peace.

Some have advanced the idea that the divine religions are outdated and need to be replaced by new ideologies and systems. These people are in great error, and their ideas are nothing but tiresome, unfruitful heresies that deprive mankind of its rightful share of receiving the true teachings of God.

Poisonous suggestions by those who think that the mere repetition of the words of the Prophets, or impressive, innovative ideas will bring forth prosperity for humanity, have actually caused many deviations in the thoughts of men. This is the reason why the interpretation of divine laws on the basis of deficient knowledge or of individual biases, devoid of direct experience of the truth of the teachings of the Holy Prophets, has resulted in the creation of sects, groups, and different thought and belief systems. This situation itself has become a destructive tool to create religious wars, whatever other label they may carry.

Thus, I must say, the Promised Land, the promise of happiness for humanity and the promise of world peace, without the true teachings of the Holy Prophet Moses (peace be upon him) would be nothing but real hell.

In the same spirit, God Almighty has said in Sura *Hujurat Holy Koran* (Sura 39:13):

يـاايهـاالنـاس انـا خلقناكم من ذكروانثى وجعلناكم شعوبا وقبائل

لتعـارفوا ان اكرمكـم عـندالله اتقـيكم ان الله عليم خبير.

We created you from male and female and placed
you within tribes and races, so that you may attain
cognition. For the closest to God amongst you, is he
who obeys the commandment of the All-Knowing
and Aware God.

The appearance of the Holy Prophet Jesus (peace be upon Him) and the declaration of his message were to acquaint

16

mankind with the heavenly kingdom of God. It was to be a vaster experience for the elevation and union of man to a more constant source. Based on this constancy and cognition, he introduced and wanted to teach mankind a vaster sphere of awareness. On the one hand, he taught wisdom and knowledge to man about his relationship within the world around him, and on the other, he sought to awaken him to a vaster spiritual expansion. If adultery was forbidden within the framework of man in the Old Testament, in the more elevated state of the New Testament, even thinking of adultery was considered the same as committing it.

While the teachings of the Holy Prophet Moses (peace be upon him) were directed to train man in relationship to his fellow man and the environment, the Holy Prophet Jesus, in the more elevated school of God, came to teach affection and the more delicate aspects of man. In the New Testament (Matthew 5:17), it is recorded:

> Think not that I have come to destroy the law, or the prophets; I have not come to destroy, but to fulfill.

And (Matthew 5:43-44):

> Ye have heard that it hath been said, Thou shalt love

thy neighbour, and hate thine enemy. But I say unto you, Love your enemies, bless them that curse you, do good to them that hate you, and pray for them who despitefully use you, and persecute you.

In truth, do the peace-seeking people of the world, and particularly the Christians, endeavor to learn and abide by even one of these teachings? Are the divine commandments for a particular group of people to be observed only in churches, put to music and sung in choral harmony, but not to be realized and discovered in everyday practice?

Who is addressed by these words, and what is the message? If there had been true believers in the congregation of Christian rulers, would the deplorable actions of the two World Wars, which devastated so many lives and resources, have taken place? Is it not ironic that in mediocre ceremonies, in remembrance of these events, heads of states lay wreaths on the graves of unknown soldiers?

The essential principle and goal of the teachings of Jesus, who should be recognized as the guide for the redemption of humanity, was to free man from bondage to the dead tomb of the physical body, and from his earthly greed and material attachments. It was to give man eternal life through a second birth, so that he may experience and grow in a more elevated realm which he called the heavenly kingdom of God. It was to bring the message of love, affection and brotherhood to man on Earth. Jesus even brought back to life a dead girl and raised a man four days dead from the grave in order to show that the reception of Life for the living was easier.

The genuine implementation in the realization of the true religion is to show that man can be cured of his deep-rooted illnesses by the hands of the Divine Healer. Because he receives health, he is able to discard all ills and shortcomings. Therefore, according to God's laws, such training and nurturance are fated to be and do exist; only attentiveness to, and an awareness of, their source of origin is required.

> Ye have not chosen me, but I have chosen you, and ordained you, that ye should go and bring forth fruit, and that your fruit should remain; that whatever ye shall ask of the Father in my name, he may give it you. (John 15:16)

Therefore, in reality, man is chosen only if he should in truth turn to the origin of the blessings and teachings to attain an elevated spiritual realization.

Such realization and education whose abode is attained after rebirth, prepares man to free himself from earthly attachments and from all indulgences and an imbalanced life. It prepares man for a peaceful life and for true civilization. These are the

19

newborn, nurtured in the peaceful spirituality of God, who are the peacemakers and who neither suffer pain nor inflict it. Thus, the Holy Prophet Jesus (peace be unto him) has said in his teachings to his disciples:

> Peace I leave with you, my peace I give unto you; not as the world giveth, give I unto you. (John 14:27)

The essence of these words, which are among the fundamental teachings of *Erfan*, declares that the world does not have peace, and therefore cannot impart peace. The true meaning of peace refers to the inner freedom and spiritual elevation of every individual. Only by spreading the teaching of such principles, may peace reign.

If the way to spiritual purification, social justice, and ultimately, the emergence of peace-loving societies, could have been possible through classical education and philosophical theories, including dialectical reasoning as applied to religion, then so many controversies and branches would not exist. For example, namely after nearly 2,000 years, all Jewish people would have become Christians. But this has not come to pass. The ancient Roman coliseum was turned into a place for the massacre of Christians by the Roman emperors, and in our century, the burning furnaces of Auschwitz and Treblinka were used for the mass murder of the Jewish people.

Therefore, the reason for the formation of different groups, based solely on economic purposes, does not signify that they are of a spiritual union. In many past wars, the "Christians" had no mercy for themselves, let alone for others.

For this very reason, the boundaries of belief of people can be shaken by the slightest storm, just as the boundaries of nations crumble from aggression by outside forces. None of these boundaries has a constant and stable basis.

The way to faith and belief, and the place for peace and stability, lies within the spiritual dimension of man. It is there that they can be discovered, trained and brought to fruition. When man arrives at this state, he will not be subjected to changes and will not partake in greed, avarice, lust, belligerent actions, destructive behavior, transgressions, killings and war. This is the heavenly kingdom, the throne of the Holy Prophet Jesus (peace be upon him), and the pride of men. True selflessness and sacrifice await those who seek him.

> For which is greater, he that sitteth at meat, or he that serveth. Is not he that sitteth? But I am among you as he that serveth.

> Ye are they who have continued with me in my temptations.

21

And I appoint unto you a kingdom, as my Father hath appointed unto me,

That ye may eat and drink at my table in my kingdom, and sit on thrones judging the twelve tribes of Israel.

(Luke 22:27-30)

*　　*　　*

From what has gone before, I wish to draw the attention of all true scholars and thinkers of the world to this point, that man in his limited physical presentation, confined within the dimensions of space, time and place, is also endowed with other attributes which have received insufficient attention. The cause and motive for all movements and manifestations for war and peace, the ultimate judge of all things good and evil, and of all qualities and quantities, is that moving, complex being called man. He is endowed with physical and mental powers, with mind, reason, emotions, imagination and will, among many other attributes. It is therefore necessary in this interim, to know this being—man—and the causes behind all his activities and behavior.

Man's different dimensions, which are among the wonders of existence, have each in their places an extensive and logical interrelationship with their internal and external environment. Man's physical body, under the influence of space and time, consists of a metabolism and precise cellular functions. The evident example of this embedded knowledge and intricate and extensive relationship account for the survival of the human species on this planet for millions of years.

The duration and stability of this complex organism represents the extensive order and balance which have made the continuation of its life, reproduction and survival so far possible. Current research in the fields of physiology, biology, chemistry, physics, geology and astrophysics is discovering different aspects of man's relationship with the environment and the universe—and the researchers are amazed at their findings.

The importance of knowing the human being is seen in the endeavors of scientists to understand even a minor aspect of this complex organism. Laboratory tests and experiments, and extensive scientific conferences and meetings, all have the same purpose. The fields of medicine and biology try to discover the physical and biological aspects of man so that they may arrive at a comprehensive definition that gives a realistic picture of the human species. Researches in pharmacology and biochemistry

23

are aimed at understanding the biochemical composition of man, and his interrelationships with the organism as a whole, so that effective medications may be discovered and prescribed which would restore balance to man's physiological make-up when imbalances occur. In such research, dissections of organs by experts are part of the process.

Is it not amazing that with such extensive research being conducted in the biological sciences, no conclusive results in *knowing* this complex organism have yet been shown? The intricate mechanism and functions of this organism, which has an average volume of somewhat more than a cubic yard and weighs an average of 170 pounds, are so complex that one expert is unable to diagnose all its organs individually. Separate specialized branches and sub-specialties had to be developed to give a more complete assessment of each organ.

The fields of psychology and psychoanalysis also try to arrive at a definition of man by trying to understand the unknown levels of thought and the personality. To achieve this goal, practitioners in these fields advance theories and experiments to test, study and assess man's behavior, responses and interactions, both individually and within the framework of society. I must point out that, so far, this research and methodology are based mainly on hypothetical ideas, or on the assessment of man's reactions—but not on the central and original sources

24

and causes for what appears to be man's behavior. At best, such theories and research only show a system of relationships and relativities derived from a central inner source the researchers do not know.

Research in the fields of economics, political science and, in general, social sciences, define man as a social unit with totally different characteristics. In these fields and circumstances, man is a dependent and needy entity, fulfilling the role of both producer and consumer in a materialistic society. While man seems to be the master of his fate, and is the lawmaker—or the conceiver, strategist and executioner of the law—he also becomes the subject of those laws and of the power system which he himself has legislated and implemented.

Therefore, we must ask, if the laws and agreements within each society are devised and executed by the people of that society, then what are the causes of dissatisfaction, changes, conflicts, revolutions and killings? When we see that all social and national revolutions ultimately devour their own children, should we not ask why? The logical conclusion to be drawn from a review of social history and political systems is that they have not yet arrived at a conclusive definition of man and his relationships. The issue remains to be resolved.

Theoretical philosophers and social ideologists envision a self-sufficient and prosperous society—the establishment of a Utopia—and construct grand social schemes for the realization of an "ideal society." They recognize man as a condemned, dependent and yet valuable being whose value depends upon given definitions and upon his obedience to the social system. The shortcomings of such definitions are quite obvious. For example, if the intelligence service, and torture or propaganda aimed at brainwashing were not used, what appears to be the social power of all institutions would cease in an instant.

How then should we define man so that we could say his every aspect—both evident and hidden—can be considered and known? This brings an image to my mind, the figures of a man and woman on the spaceship Pioneer 1, which space researchers included in order to convey to the inhabitants of other planets a view of man—that is, who man is. However, only the most elementary aspect of man, his outer physical shape and form— evidently how man perceives and defines himself, without even information on his internal organs—was the presented image on the spaceship.

This presentation of the human being shows no advancement from what remains of images drawn on the walls of caves by primitive men-frozen images of their way of life. I do not intend to nullify or undermine the vast researches in the sciences and social studies, but to assess and present from a realistic perspective the inconclusiveness of methodologies which have no solid foundation, or of methods which present only short term solutions.

Logical thought demands that a firm and solid measure be recognized for man, so that a stable system or social structure be devised, and firm steps taken toward its implementation. Therefore, devising any compulsory system which forces man into a predefined structure not in harmony with the nature and personality of man, will result in explosion and devastation in a short time. Thus, only laws and social systems which are not rationally and scientifically opposed to the essence of man will be permanent and enforceable.

For this reason, it is necessary to know man and his universal personality from the point of view of *Erfan*. This has been the subject of the teachings of religion. Molana-al-Moazam Hazrat Shah Maghsoud Sadegh Angha, the only and rightful *Aref* of our time, in the book, *Psalm of the Gods*, addresses mankind:

> In nature's destination, the pacts of man are apparent,
> but to the senses, they are unknown.

Experimental sciences and different advanced theories estimate the age of our solar system to be billions of years old. Therefore, determining the age of the galaxies and other planetary systems, and of the infinite universe, is inconceivable.

27

I mention this to bring your attention to this question: This estimated life-span, however long it may be, makes us wonder, what is the cause of all these manifestations and their permanence in this long time-frame with all the evolutionary changes and developments through motions, gravity, orbits, forces and awesome manifestations?

Yet, during this span of time which appears to be so long, the universe has continued with tranquility and peace throughout its orbital revolutions without ever faltering. **What law prevails in this nearly infinite journey which governs all entities and their precise interrelationships, and prevents any disorder in their development and evolutionary motions as presented in the manifestations of nature?**

Recognition and discovery of this specific principle—the source which caused a relative permanence for such matter and celestial bodies that may appear without "intelligence"—may be invaluable in reaching a deeper and more conclusive understanding of peace. Because, in *Erfan*, recognition of the true sense of religion, the ultimate goal of the Holy Prophets and Saints has been the attainment of an ideal, which is synonymous with eternity and final peace.

The Almighty God in the *Holy Koran*, Sura *Ghaf (50: 6, 7)* says:

افلم ينظرواالى السماء فوقهم كيف بنيناهاوزيناهاو مالها من فروج. والأرض مددناها والقينافيهارواسى وانبتنا فيها من كل زوج بهيج.

Why don't you look beyond, at the sky, and see
how we have set it in place and adorned it without
flaw? And we spread out the earth as the basis (the
many fields) and brought to life every beautiful form
in pairs.

And in the Sura *Fussilat*, Verse 64:

اللّـه الـذى جعل لكم الارض قراراوالسـماء بنـاء وصوركم

فـاحـسـن صـوركـم ورزقكـم من الطيبـات ذلكـم الله ربكم

فتبارك الله رب العالمين.

He—God who placed the earth as your foundation
and the sky as the axis of your organizer, constructed
your figure to perfection, and gave you blessed suste-
nance—this is Allah, your Protector, who is Great—
the Protector of mankind.

Are not all existing orbits and planets organized around the
sun, and are not all the penetrating forces precisely arranged
within all particles? Are not the distances determined propor-
tionally to this centrality according to the size of the planets—

the large and the small?

The conclusion is that with this coordination, with this innate knowledge and submission, existing stability has prevailed in the billions of years of evolution of this solar system, which has never ceased in its determined orbit. Thus, let us find a logical answer to this question: In the history of humanity, what social system or central government has enjoyed stability and a comparative constancy?

Then is it not true that the existing systems of anarchy are caused by observing unknown principles which are against the nature of man? This is why humanity gradually turned from despotic and hereditary systems of government towards democratic republics. In effect, existing systems do not have the means nor the power to implement and enforce laws which would provide a continuous system of social justice. In reality, democratic republics came into existence as a way of escape from despotic rule. These temporary systems of government clearly show that humanity has not succeeded in implementing systems which would be permanent and stable. Thus, the feudal system gradually evolved into centralized and federal systems of government.

On the other hand, whenever we compare the structure of this immense solar system with the structure and organization of the atomic structures, we observe that within each element of the earth and other planets of the solar system, they all follow one all-pervasive law. Adherence to this absolute law and its influence has made this relative physical stability possible, which is estimated by current studies to have been constant for at least two billion years. Therefore, a logical comparison of these two subjects justifies further questions: **Is the permanence of a particle with its internal structure and external relationships more stable than the most stable moral, intellectual, scientific, philosophical and legal accomplishments of all human societies throughout time? Would it, in addition, not be logical to say that whenever man has access to this vast and extensive region of knowledge, he will automatically be endowed with laws which will be the measure of his survival and rightful conduct with others in society?**

The constant determining factor which keeps all particles in balance on the plane of existence is the *law of submission*. The reason for the survival of all manifestations—particles and waves—which seem to be eternal, is their total, complete and continued submission to the penetrating and stable laws of existence. Cognition of this *law*, the ruling power of the fate of all particles and galaxies—and especially of the truth of the human being—acquaints us with the extensive knowledge inherent in nature and of true tranquility. For we see that there is not even one particle able to function or exist on its own outside the all-pervasive laws of nature; yet in a pre-arranged and calculated precision, it is able to manifest all the different possibilities in nature.

Therefore, if the scientific and research-minded person of to-day is able to disregard the prejudiced, unfounded propaganda and superstition that engulfs the religion of Islam, I will draw the attention of unbiased minds to this verse from the *Holy Koran*, Sura 3:19:

انّ الدّين عندالله الأسلام

In truth, religion in the realm of God is Islam.

Cognition of such an overpowering truth has been the eternal fate of *all prophets*, and has guided them upon this path of absolute cognition and knowledge. It is revealed in the *Holy Koran*, Sura 3:67:

ماكان ابراهيم يهودياً ولانصرانياً ولكن كان حنيفاً مسلماً

وماكان من المشركين

Abraham was neither Jew nor Christian, but he was
a Moslem who worshipped the one and only God;
for he was not among the dualists.

And Sura 2:133:

ام كنتم شهداء اذحضر يعقوب الموت اذقال لبنيه ماتعبدون من
بعدى قالواالهك واله آبائك ابراهيم واسمعيل واسحق الهأ
واحداً و نحن له مسلمون

Were you witness to Jacob's death? He said to his
children, what will you worship after me? They said,
we shall worship your God and the God of your
fathers, Abraham, Isma'il, and Isaac, the one and
only God, and to Him we are submitted.

There are many similar verses in the *Holy Koran*, all pointing
to the magnificent, powerful Origin which culminates in the
cognition of the ultimate truth—religion. Religion, in spite of
all branches of thought and sects, is the **stability of the human
person in the ultimate eternal truth**, as revealed in the *Holy
Koran*, Sura 51:5,6:

انما توعدون لصادق وانّ الدّين لواقع

Whatever you have been promised is truth. And it is
religion which is the stable reality.

Islam, which is derived from the root *silm*, means peace and
tranquility. The words of the Lord of believers and the pure,
Amir-al-Moemenin Ali (peace be upon him), the guiding light

for humanity, attest to this genuine and sacred goal:

> Islam is submission, and submission is stability and
> constancy in the true reality of Existence.

If the above divine words, in their syllogism, bring us closer
to more realistic results, then we must conclude that: the
**ultimate goal of the teaching of Islam is the discovery of the
constant and eternal laws of existence, and the realization
of a freedom and justice whose measurement is as vast as in-
finity. And, its potential fulfillment will be the source of
peace and tranquility for all individuals and societies of
mankind to the extent of all natural laws and immensity of
fields and forces of the Universe.**

**Therefore, those who are drawn with unswerving devo-
tion and love towards the source and the existential truth,
are absolved of all excessive desires, conflicts and errors,
and their being will only propagate love, affection and
peace.**

To approach the scientific goal, which embodies a vast and
precise chapter in *Erfan*, modern, reflective humanity must at
the onset acknowledge man as the cause of all these conflicts,
wars and strifes. Then, he must recognize the constant unit
who is the effective agent for these movements. When the
essential laws are recognized which govern the individual and

his social relationships, then will his unbalanced instigators and his painful social disorders—will be corrected and correctly guided.

In the teachings of *Erfan*, in Islam, man consists of different dimensions. A few of these will be presented briefly here.

I. *The Nature of the Materialist Man*

In the natural dimension, consisting of sensual powers and animal instincts, man is a blend of a mass of cells, moving and reacting through the stimulation of insatiable needs, wishes and desires, and false appetites. These are a collection of characteristics which can also be seen in extreme cases in the behavior of animals.

Man's excessive stimulations, variety of inclinations and desires, often spurred by environmental factors, are like the beasts ruled by fierceness and savagery. At the same time, selfishness and the struggle for existence does not allow man to recognize a more correct path. God Almighty, in respect to this aspect of man, has said in the *Holy Koran* (Sura 17:11):

ويدع الانسان بالشر دعاه بالخير وكان الانسان عجولاً

In this state man is inclined towards evil, as much as he aspires to goodness. He makes haste in either direction.

Sura 70:19-21:

ان الانسان خلق هلوعاً * اذامسه الشر جزوعاً * واذامسه الخير منوعاً

In truth man was created greedy. Whenever an affliction should befall him, he will cry out; but whenever he is in a state of prosperity and joy, he refrains from remembrance and sharing.

Sura 80:17, 24:

قتل الانسان مااكفره ,

فلينظرالانسان الى طعامه

That which brings death to man, is shunning the truth. Therefore man's intention is directed towards desires and gluttony. [In the materialistic world, they are represented as economic insecurity.]

Sura 108:2: ان الانسان لفى خسر

Indeed, man is in a state of loss and destruction.

36

However, the natural creation of this aspect of the human being consists of all natural factors, the changing material compositions in a specified physical state with all the attributes of a natural physique.

God Almighty commands (Sura 4:24):

يريدالله ان يخفف عنكم وخلق الانسان ضعيفاً

God intends to lighten your burden, thus He created you weak.

The different layers of the human being reflect only a limited aspect of determined natural and physical endowments. According to the *Holy Koran*, 23:12-14:

ولقد خلقنا الانسان من سلاله من طين. ثم جعلناه نطفه

فى قرارمكين. ثم خلقنا النطفه علقه فخلقناالعلقه مضغه

فخلقنا المضغه عظاما فكسوناالعظام لحماثم انشاناه خلقااخر

فتبارك الله احسن الخالقين

Thus we created man from a drop of mud, hence we placed a drop of water at a designated place, firmly fixed. Then we formed it into a clot of congealed blood; and formed from that clot a tiny flesh; from

37

the tiny flesh, we created bones and covered them with flesh, and then gave it final and complete form. So we offered praise to the Almighty God—the One and Perfect Creator.

However, in this complex and intricate state which consists of desires, instincts, inclinations and aspirations, man endeavors to satisfy his needs and desires to the optimum. Therefore, environmental changes and improvements in living conditions emanate from the level of his natural layer.

On this level of natural existence, like other living organisms, he follows the natural laws of absorption, assimilation, accumulation and repulsion. But because he shuns true balance, and because of his greed and the rebellion of his desires, contrary to most other creatures, he does not refrain from destroying and abusing natural resources, as well as personal and social relationships. Therefore, under these conditions, man is precisely as described in the *Holy Koran* (102:1,2):

الهيكم التكاثر   حتى زرتم المقابر

Greed has deceived you, until it shall place you—each—in different graves.

In this dimension of thought and tendencies, the human being is a slave with no alternative but to follow his destructive master, each desire leading on to other insatiable desires whose ends are unknown.

يا ويلتى ليتنى لم اتخذفلاناً خليلاً

لـقـدا ضـلنى عن الـذكر بعد اذجائنى وكان الـشـيـطـان للانسان خذولاً

Remorse is my condition, how I wish I had not taken for friend the unknown. For it led me astray from the truth after I had been guided. It is the devil who brings the fall of man.
(Sura 25:28,29)

And

كمثل الـشـيـطـان اذقال للانـسـان اكفرفلـمـا كفر قال انى

برى منك انى اخاف الله رب العالمين

The example of the devil is this: he said to man, "Deny God," and because man obeyed, the devil said, "I despise you, for I fear God, the Lord of the Worlds."
(Sura 59:16)

39

Inclinations, and the mirage of desires, wishes and natural tendencies which emanate from the natural and thought levels of man, depict the rule of the "devil," which means being subservient to the laws of nature as evidenced in the actions of man. Thus, who is "man," the addressed who is other than the sum of his unknown dimensions?

An important principle in *Erfan* is that although man is manifested in the natural world, however, his real life is in a separate elevated realm rather than the natural course of living.

Why are we not astonished by the laws governing the beasts in the jungles? It is said that the relationship of wild animals, their nurture and behavior, are based on their beastly temperaments. The strong devours the weak, and the weak is prey to the strong. Therefore, according to the law of nature, the weak are smothered.

In this respect, the words of the true Man, those of Molana-al-Moazam Hazrat Shah Maghsoud Sadegh Angha, should be heard. In the book *Nirvan*, he addresses the true human essence that withstands all challenge:

> An unknown fear and a devilish lust surrounded Nirvan with their ugly and frightful forms, and played before his eyes the fire of the fight between life and death. One would say that the Devil was the creator and master, and Nirvan his

slave. This is an unjust and idiotic idea cherished by the selfish and bloodthirsty transgressors who have considered the rebellion of the weak against barbarous customs an unforgivable sin.

The artificial methods devised to conserve the animal species within nature or in city zoos are to protect the weak animals from being devoured by the fierce beasts, by separating them by bars and wires. However, all these precautions are only temporary, since if the bars were removed, killings and aggression would resume as before. This example is not dissimilar to man's on-going events, false "civilizations," or unreal social standards and codes of behavior.

Therefore, I must say, social diseases such as suicide, alcoholism, drug abuse and other forms of self-defeating addictions, unconsciously are the voice of "man" declaring contempt for improper and futile educational systems. In the context of natural living, because man is not allowed to express openly his fierceness and aggression, he sets out to destroy himself. This does not mean that we are issuing a license for violence or to kill, nor to say that man should view transgression upon others' rights as necessary in satisfying his selfishness and desires. Rather we are presenting the causes for the diseases and stating the proper educational method for their correction.

Man's permanence in this layer results in deprivation and the dead end of slavery, and shows his emergence in nature parallel to minerals, plants and animals—and nothing more. This is why man does not show any positive reaction towards the teachings and suggestions of the prophets, who bring the message of the more subtle and delicate aspects of man. Therefore, it is seen that the Jewish people, in the very short period of absence of the Holy Prophet Moses (peace be upon him), began to build their idols, and, in following their natural tendencies and desires, shunned his teachings.

We see the Holy Prophet Jesus (peace be upon him) among a crowd of enemies, and he says to his disciples:

> Therefore speak I to them in parables: because they seeing see not; and hearing they hear not, neither do they understand.   (Matthew 13:13)

He addresses the Pharisees thus:

> Ye serpents, ye generation of vipers, how can ye escape the damnation of hell?   (Matthew 23:33)

The verdict of the people when asked by their governor, Pontius Pilate, was in favor of the notable thief over the Prophet of God. Thus their efforts to kill Jesus (peace be upon him) finally succeeded. In the New Testament (Matthew 27:16-21), it is written:

> And they had then a notable prisoner, called Barab-
> bas. Therefore, when they were gathered together,
> Pilate said unto them, Whom will ye that I release
> unto you? Barabbas, or Jesus, who is called Christ?
> For he knew that for envy they had delivered him.
> When he was set down on the judgment seat, his
> wife sent unto him, saying, Have thou nothing to do
> with that just man; for I have suffered many things
> this day in a dream because of him. But the chief
> priests and elders persuaded the multitude that they
> should ask for Barabbas, and destroy Jesus. The
> governor answered and said unto them, Which of
> the twain will ye that I release unto you? They said,
> Barabbas.

**For this reason, the messenger of God, who did not have
an abode in the nature of men, lost the vote to a thief in a
public consensus.**

The call of revelation and guidance of God does not reach
the person who is encapsulated and enslaved to the constant
revolving nature. He is deprived of receiving his sublime and
true state as man. In Sura 7:179, God commands:

ولـقـد ذرانـا لـجهـنـم كـثيـرأمـن الـجـن والانـس

43

لهم قلوب لايفقهون بها ولهم اعين لايبصرون بها ولهم اذان

لايسمعون بها اولئك كالانعام بل هم اضل اولئك

هم الغافلون

And we created for hell many *jins* and men, who
have hearts with which they do not contemplate,
have eyes but do not see, have ears but do not hear.
They are as animals, and worse, they are heedless.

And in Sura 71:7, He commands:

وانى كلمادعوتهم لتغفرلهم جعلوااصابعهم فى آذانهم واستغشوا

ثيابهم واصرواواستكبروااستكبارا

And when I invited them to redemption, they placed
their fingers into their ears, and covered themselves
with many veils, and remained obstinate.

In Sura 41:44, it is revealed that man at his natural level is
unable to hear the voice of true peace:

والذين لايومنون فى آذانهم وقروهوعليهم عمى اولئك

ينادون من مكان بعيد

And those who do not believe, there is a deafness in their ears, and a blindness in their eyes; they are being called from a far distant place.

In this world, the principle of exchange governs all relations, and exchange conducted in a network set up by Satan, whereby hypocrisy and perfidy are constantly at war and peace. Angel-faced monsters and hungry beasts seemingly graceful, each calling man to himself, devour him; their success is fed by the blood of transgressors, and their deep ignorance is a thick veil to the Light of Guidance. (*Nirvan*)

II. *Man—The Heavenly*

Just as precious diamonds do not deteriorate into the dirt of swamps, and the running veins of pure gold keep their place within the heart of the earth and are loath to mix with the brittle soil in mines, even while their luminosity distinguishes and separates them from the volatile disintegrating dust, so does man bear a distinctive attribute in his earthly, natural being, which is also luminous and has a separate life to undertake. The reality of this truth ensues from the fount of Knowledge—its laws and even its manifestations in the realm of natural fluctuating and volatile thoughts of man, remain distinct and evident. Man is of earth—but not mortal, and in the midst of the darkness of nature, his essence remains unswerving and constant.

Thus, the reliable and eternal dimension of man, hidden within him, is inaccessible to his limited dimension of nature, to his unripe thoughts and feelings.

The instructions and messages of the Prophets are intended for this dimension of man, with a particular receptivity and a capability of receiving special training. Just as the basis for the composition and mixture of the products of earth are different and distinct from its treasures, the heavenly dimensions of man are totally distinct and separate, and have other values than his natural level of existence. If you believe the stability and relative endurance of physical surfaces are based on physical laws and forces of the underground, **the cognition of the truth of man in his heavenly realm results in more constant and correct laws.**

The words of the holy Prophet Jesus (peace be upon him) to guide men to the heavenly kingdom, and the holy Prophet Moses (peace be upon him) in guiding his people to the Promised Land, emanate from the same point.

In the New Testament (Luke 8:10), it is recorded:

And he said, Unto you it is given to know the

46

mysteries of the kingdom of God; but to others in parables, that seeing they might not see, and hearing they might not understand.

And God Almighty commands in the *Holy Koran* (Sura 36:83):

فسبحان الذى بيده ملكوت كل شئى واليه ترجعون

Pure is God, in whose dominion is the heavenly kingdom of all things, and unto Him they return.

And in Sura 6:75, He commands:

وكذلك نرى ابراهيم ملكوت السموات والارض و ليكون
من الموقنين

It is thus that we showed unto Abraham the heavenly kingdom of the earth and skies so that he be of those certain in their faith.

And in Sura 55:1-4, God commands:

الرحمن. علم القرآن. خلق الانسان. علمّه البيان

God. Taught the Koran. Created Man. Taught him Speech.

47

The discovery of the true inner dimension of man, in the instructions pertaining to the reality of religion, results in permanent knowledge. It is through the guidance of this centrality, as the eternal and infinite, that the absolute knowledge entrusted to man is realized. **The knowledge of the *Holy Koran* as the written scroll of existence was imprinted within man before his earthly appearance. The ability to be in touch and be anchored in this constant dimension, allows man to receive divine visions and revelations so that he may benefit and abide by the law of absolute justice.**

The education, instruction and cognition of these truths, which are possible in stability in the expansive realms, result in a new form of hearing and sight which the physical level is incapable of knowing, and does not know.

God Almighty commands in Sura 17:9 thus:

ان هـذا الـقـرآن يهـدى للـتى هى اقوم و يبشرالمومنـين

الذين يعملون الصالحات ان لهم اجراكبيرا

This Koran guides to that which is the most permanent, and brings news to the believers who endeavor on this path; and for them it is a great reward.

This is why human reasoning, explanations and interpretations of the words of God in the unripe mental constitution of mankind result in the creation of religious centers of power in societies and in the rule of individuals who appear to be holy. But, in reality, they are only satisfying their thirst for power and greed, exploiting and taking advantage of the masses. This method has no parallel nor common basis with the teachings of the Holy Prophets.

Two thousand years of rule of the churches, the establishment of courts of inquisition in Europe in the Middle Ages, and the Thirty Years' War between the Protestants and Catholics which resulted in so many deaths, are examples of this type of bitter experience. The teachings of the holy Prophets can, depending upon the kind of interpretation, end in this way. The inhuman aspect can be seen in the life of the holy Prophet Jesus—how the instigations and provocations of the religious leaders of the Jewish people led to his crucifixion. The reports of the disciples in the New Testament bear witness to this event. **The man who is in the permanent spiritual dimension, who is the speaker of the inner truth of man and resides in the heavenly kingdom, cannot be known in the physical dimension of thought, senses and comparison.**

To explain further, the human being in his elevated spiritual dimension leaves behind the sensual, external, limited boundaries to enter his own true realm. To understand this better, consider the speed of man's movements on the physical plane. On the average he walks 3 miles per hour, reaches 12 and a half miles per hour while running, 55 miles per hour driving, and about 600 miles per hour by plane. This same person in his limited sensual dimension is able to receive sound vibrations of 91 feet per second, and light waves at a speed of 186,000 miles per second. The speed of man's thought is approximately equivalent to the latter figure.

However, entering the delicate spiritual realms through the teachings of the Prophets gives man both a speed beyond physical possibilities and a power beyond imagination. It gives him not only predominance over the natural and physical plane, but also enables him to discover and witness their realities as well.

The result of such spiritual elevation is detachment from unstable tendencies and psychological disorders, and acquaints man with the inner heavenly truth which procures peace and tranquility for him.

The Pole of knowledge and cognition for the attestors of truth, my father, Hazrat Molana Shah Maghsoud, in his book *The Hidden Angles of Life*, writes:

When man is able to travel faster than the speed of light, he will know the past and future of all beings,

50

and in my opinion, he will know life in the region of beings. The discovery and seeing of future events, and freezing past events before sight, are based on the viewer's constancy and permanence in the present time. In *Erfan*, this is called breaking the barrier of limitation in infinity.

Therefore, the dignity of man in his ascent towards his truth, which is far beyond his natural layer, encompasses a path of ascent of "Self to I." In this horizon of awareness, his rank is a shared boundary between his existence in nature and infinity. Constancy and Permanence in such an expansive and pure realm will situate man in his balanced existence. Thus his being is the source of sublime grace, knowledge and love. He is the receptor of divine revelation and the messenger of the true laws of existence and the truth of man.

To clarify this further, I would say that Prophets are the examples of the most exalted state of humanity. They are the pure who have ascended to the throne of the Almighty God. They are the Light of absolute Knowledge manifest in man. They have traversed to the highest peak of Truth, and have totally separated themselves from the realm of neglect and deterioration in their heavenly journey. Thus, in this exalted state of heavenly union, they declare the laws of the Absolute, Eternal God, and bring man the message of the dignity and greatness of man.

Man and Society

Karl Marx, in the book *Critique of Political Economy*, recognizes man's role in society as a function of being a unit of economic production. He says:

> The sum total of these relations of production con-
> stitutes the economic structure of society—the real
> foundation on which rise legal and political super-
> structures, and to which correspond definite forms
> of social consciousness. The mode of production in
> material life determines the general character of the
> social, political and spiritual processes of society. It is
> not the consciousness of men that determines their
> existence, but, on the contrary, their social existence
> determines their consciousness!

Hegel saw the progression of thought and ideas throughout history as the process of a social dialectic. The existing idea was the "thesis," and its opposing idea—usually newer issues and needs—constituted the "antithesis." The combination and interplay of these two ideas would bring about a new "synthesis," which he considered as the intellectual spirit of human society!

Max Weber, the early twentieth-century sociologist, says that power in society must be so well used and integrated within society, that it will encourage the people to give their voluntary support to those in power.

In *The Prince*, Niccolo Machiavelli, with respect to the protection of benefits and the effective use of power, writes: "The chief foundations of all states are good laws and good arms." This is why he sees war and its organization as the lifeline for the existence of the state. He writes further that the strength of the government lies in making the populace dependent on it under all conditions. The subjects will then need the government in order to fulfill their needs, and will therefore remain faithful to it!

Hans Morgenthau, the proponent of "realistic politics," believes that national interest should guide nations. National interests must depend primarily upon the nation's political power structure, and obligations of a legal nature should give way to those of the national interest. Furthermore, he believes that diplomacy must be completely separated from any religious suasion or taint, and that foreign policy objectives must be defined within the framework of national interests.

As seen from the foregoing summary of different social ideologies, it can be seen that societies and their leaders plan the different systems with only one goal in mind. That goal is the double one of the acquisition and protection of economic profits, and of providing for the natural needs at any price. The shortcomings of this kind of thinking can be easily assessed. It is such thinking that creates chaos and leads to many different forms of unrest in each society, including conflicts, revolutions, international wars and cold wars.

What can be readily and generally observed in these systems is that the false "personality" of society and its incohesive methods are valued, but without any correct evaluation of the credibility and benevolence of those who have been entrusted to rule and to guide.

The definition for societies today is like those of the past. They can be described like illusory clouds consisting of immature and untrained thoughts, excessive wishes, and endless desires and needs—all under the influence of geographical, national and ideological factors. Economic dominance is the motivating element and the ultimate goal.

Society is generally defined as a system consisting of its people and their behavior. But how can defective parts of a system give sound and effective results? Unless peaceful and balanced people are the lawmakers and rulers of societies, what type of system can result in stability and peace?

When human rights are not recognized and observed on an individual basis throughout the world, the creation of advanced economic systems serves only to spark vaster wars. The preservation of national interests in the capitalist world, and supporting the thesis of production in a materialistic system, breed more ferocious wolves with more strength to devour and destroy. Thus, is it not necessary to mobilize national diplomacies in order to exploit the resources and man-power of other countries?

Not much time has elapsed since the rescue of the 18 month-old child trapped in a well in Texas. All the city's resources, the media, the police and workers were alerted to take part in this seemingly humanitarian act. In a country where its workers earn an average $25 per hour, and its police force do not work overtime, all these forces converged at one point in one state to save a child. However, it can be readily seen at other times in other lands that children are being destroyed, yet no one cries out in their defense. What kind of human rights is that?

Is the definition of a human being then someone with all kinds of economic and military possibilities? When such activities are representative of the ideologies of all powerful nations, how can we expect to have peace?

In effect, what these countries say is that they will do whatever they like. The words in their national constitutions and international declarations stating lofty purposes and aims are really nothing more than colorful masks, covering unclarified objectives.

Then, how do you define the human being in such a context? Everyone speaks of humanity and human society, and in pursuit of incorrect approaches and thoughts, builds imaginary dreams. Theories and discussions speak of brotherhood and equality, but it is not clear what this equality is supposed to be, nor to whom they are offering it.

The real goal of these statements and declarations is economic advancement and control—and nothing else. This is the underlying motivation in both the Western and Eastern bloc powers, in addition to the arms race. **If national and economic goals in the world system are what they are claimed to be, are they really so different from what Hitler, Attila and Gengis Khan engaged in? If so, then hypocrisy reigns in existing political literature and different schools of thought which heap criticism and vituperation on these historical figures.**

Humanity has come a long way over the centuries, and it is hoped that it may have learned from its mistakes and will not repeat them. **In my opinion, if a human being is truly able to discover his individual rights in his natural environment and his true relationship with the knowledgeable Existence, it is only then that he will respect human rights under any title, name, race or creed—whether in the Western or**

Easter bloc, or even in outer space! The creation of social justice, on the national and international planes, is unlikely ever to take place unless each member is educated and trained to be just.

Therefore, if justice is to prevail, alliances for war and aggression can no longer be tolerated. The best, most effective treatment in medicine is not post-illness treatment or surgery, but prevention!

Hazrat Molana Shah Maghsoud, the sole *Aref* of our time, states in his book, *The Principles of Faghr and Sufism*:

> If it is asked, why is man willing to undergo disquiet, discontent, revolution, sudden or continuous changes for the individual or society, all in his search for a stable peace and tranquility—then I must answer: Most people (and therefore ultimately human society) remain alien from their true selves and from the truth of life. They neither recognize their true identity nor are in touch with the true values of their spiritual reality. At the same time they become entangled in earthly illnesses that infect their character and behavior, that continuously reinforce their personal indulgences and attitudes so that they are enslaved to temporary and insatiable desires that

create an unhealthy mental state. Man finally chooses the destructive and transient elements on which to build the foundation for a perishable existence within the Infinite Existence.

Increased divorce rates and the breaking of family bonds, which are the most simple and elementary forms of social structure, are evident examples of the incorrect education of individuals. The rights of women are not respected by men, and women have deviated from their principal responsibilities. All these conflicts and discontentments result from a lack of balance and too much consumerism in today's society. The result of such chaos has been, and is, a threat to the ultimate character of society and of humanity.

It is my opinion that thinkers and leaders of the world, instead of persisting in designing and implementing an illusory idea known as society, should put aside their past techniques and endeavor to construct a balanced human being and guide him to know his true values. These societies will then enjoy prosperity, happiness and equality, and make available to each of its members educational and developmental opportunities so that they can realize all their creative abilities. They should then be able to stand against baseless and unfounded ideas at any cost. They shall know the true meaning of "prosperity for the human society," with sound, constructive ideas and action.

Erfan, in this respect, is a method and a way that introduces each person individually to his inherent values and true personality, which has been considered by the Holy Prophets.

Erfan in its meaning and teachings is the method through which man is reconciled with his heavenly kingdom. Man is therefore trained to develop all his creative abilities so that he may benefit from all the resources provided by nature, and live in peace, knowledge and justice.

Erfan is not a new religion nor a denomination. It is the reality of religion, the way through which each prophet discovered his most exalted spiritual state and human values. It is through *Erfan* that they brought this message to mankind for its welfare and prosperity.

To conclude, the happiness and prosperity that mankind envisioned and aspired to for human society will prevail only when all individuals—irrespective of personal disposition, but while enjoying physical well-being—will also benefit from an elevated spiritual state. (I do not mean the prevalent definition of the spirit, for spirit is a part of the absolute Soul.)

A prosperous human society is attained through the outward and inward harmony of each of its members, and their harmonious existence in a unified system. Without achieving this, all international laws and agreements, and all organizations which use the term "peace" as a concept without its realization, will fail with existing methods in the goal of creating a prosperous and peaceful society.

Education and Development

With respect to what has gone before, it is man's true self which must be known—this true self, stripped of personal tastes and indulgences, language, habits, geographical location, and all other conditions imposed by nature and the environment. When the constant unit of measure through which man can know his true self is introduced, then it will be applicable to other systems too. In the range of numbers, the base for all integers is 1; then 2,3,4,5,1000, etc. are derived from 1. The rules of addition, subtraction, multiplication and division are carried out with multiples of this unit: 1. As the essence of integer mathematics is based on this central unit, so are the activities of life based on the unit of measure which is man's true self.

When the true values of one person are totally known, it is possible to design and implement other laws of action that are built upon those values. Economic factors, nationalism, living conditions, social attitudes, personal tastes of rulers—these are all peripheral to the main principle.

The Lord of believers, Amir-al-Moemenin Ali (peace be upon him), in his book, *Nahjol Balagheh*, gives the following instructions with respect to understanding society:

> He who corrects the way between himself and God, God shall correct his relationship with others, and whoever corrects the ultimate goal for man, God shall correct the world for him.

Genetic characteristics, social education and upbringing, biological needs, and the personal tastes of each individual, are so different that it is impossible to add and subtract them and come up with a rule or law for all. For example, a population of 20 million cannot be considered as one unit and alike. As each person has distinct and different physical characteristics, so does he also have distinct and different inner characteristics.

Consider this example. Although people may speak the same language, one person's choice of words, terms and sentence structure are always different from those chosen by any and all other persons. Since this uniqueness is present in every person, how can we even attempt to categorize and classify people into social structures as units without identity? **The root causes of ineffectiveness in social systems, of the prevalence of conflicts, of shifting powers within and among nations, are twofold. First, existing laws set up by a group of people do not** meet current public needs and goals. Second, laws of the previous generation always need to be modified, revised and agreed to by the "new" generation.

Therefore, until humanity is able to discover the absolute common meeting grounds, it will be unable to formulate and execute laws nor construct social systems which will stand the test of time. This is why social laws without firm foundations are unable to provide effective solutions and results.

Unless reflective organizations which serve as innovators for social and educational change discover a constant spiritual measure—the determining rule for man's destiny—then such disparate and changeable factors as prejudice and differences in attitudes to existing territorial boundaries will not be eliminated. But the more we strive toward this goal with all our existing resources—natural, material, human—the sooner we shall reach tangible results. The sooner will the foundation for a unified and stable social system based on true human values and relationships be implemented.

We must not think that we need to undertake monumental and intricate projects to attain this goal. The solution is to discover the stable truth which is common throughout humanity. Man in the universal system of God evolved from one source. The differences we see among the individual members of humanity are factors added to man's pure essence during the course of man's evolutionary development in nature and society. The result is that the essence is sacrificed for its manifestations.

The *Holy Koran* reveals:

ايها الناس اتقوار بكم الذى خلقكم من نفس واحده

Mankind, obey your Lord, for He has created you from one Essence. (Sura 4:1)

and

وهوالذى انشأكم من نفس واحده فمستقرّ ومستودع قد فصّلنا

الايات لقوم يفقهون

For He is the One who created you from one Essence. He gave stability and change. We explain the signs to those who are of Knowledge. (Sura 6:98)

And God Almighty has revealed in the following Sura (10:19) the causes of conflicts and the reason why man is alienated from his Origin.

وما كان الناس الآامة واحدة فاختلفوا

People were of one Self. It was later that differences and separations evolved.

It is for this reason that the instructions of the *Holy Koran* are not directed toward political systems, races, languages, aggression, or superiority and inferiority regarding human rights. The instructions are to guide man toward the realization of his constant, stable truth, which will be a firm building block for the foundations of a stable and just society.

In the teachings of *Erfan*, values and attitudes considered as derived through social interrelationships, although useful in daily life, are not regarded as the measure for the truth of man. Man must search for and discover the way to realize his inner values and realities. When man comes to this realization, humanity will experience the true meaning of prosperity.

In this great and constructive endeavor, every talent and ability of each individual is discovered and developed, benefiting from one unified value. Therefore, the creation of systems which are in harmony with inherent human values, and are the eternal laws of existence and the message of instruction of the prophets, are deciphered and implemented.

With respect to the guidance of man, God Almighty addresses man (Sura 13:11):

ان الله لايغيّر مابقوم حتى يغيّروا مابانفسهم

God does not bring forth change amongst people, unless they themselves move what is within them.

Unless compassionate and dedicated thinkers discover the correct educational methods and endeavor to correct existing ones, it seems unlikely that they will come close to a prevailing peace as envisioned in human societies.

At this time, I will briefly explain *education and development* from the perspective of *Erfan*. Education does not consist of acquired, learned theoretical or experimental learning, nor of experiences gained from daily life. Education is considered to be an inherent and natural process, readily observed in every organization and structure within each human being. For example, if you look at the hands of man, each muscle and nerve has been directed and educated by an inherent knowledge to manifest the hand. This education has emanated from the book of Existence and is endowed to the human being. Reception of this immense blessing is the preliminary and basic education which nature has provided for man, without man's will, desire, personal taste, thinking, decision and interference.

What a child does when he is born is to *develop education* which has already been implanted within his own being. For example, the familiarization of the auditory system in analyzing sound vibrations, for a child, or focusing the eye muscles and lenses to distinguish objects and spacial dimensions, is simply developing the existing educational systems. Therefore, just as using different organs in the development and fruition of different talents is necessary, lack of their use prevents the existence of a balanced, harmonious life for him. The example would be similar to paralysis which results from the disconnection of nerves. That is to say, the person has the talent to receive the necessary development, but he is deprived from education.

Therefore, in order to pass the educational standards and reach the frontiers of correct development, the existence of the harmonious agents are necessary. This is why there must be an inherent harmony and trust between the *Developer* and the *developed*, so that sound and effective *development* may take place.

Each human being is born with different characteristics and abundant aptitudes. However, the development of the talents becomes subjected to incorrect methods of teaching, implemented by individuals who, through arrogance and selfishness, have neglected to discover the true meaning of education and development. Thus, the child from the onset is deprived of the true harmony and peace which results in the development of his talents and abilities. Unfortunately, because these factors which are needed for the creation of peace are only an insignificant part of development in society, man is deprived of this most essential experience—the experience of peace—from the time his development begins. Being deprived of developing his abilities to their optimum and not attaining a state of harmony, man is nothing but an idle and insignificant image of his true self.

Education in its total and complete meaning is manifest when each talent is fully developed and fully in harmony and unison with all other developed abilities.

It is for this reason that I do not believe that the mere understanding of the definitions and theoretical philosophies of *education and development* is sufficient. But what needs to be done is to create centers as indicated above to fully develop and train future generations so that they may be the peacemakers of the future.

The most glorious Holy Prophet of Islam, Hazrat Mohammad-ebne-Abdollah (peace and blessing be upon him), regarding the excavation and development of the treasures hidden within the human being, in the *Nahjol-Fessaheh* says:

> Each human being is like a mine—gold, silver or jewel. Excavate their goodness so that you may have peace.

Keeping in mind the foregoing explanations, it can be readily understood that definitions which cry out for "culture for all" are nothing but fallacious reasoning and incorrect points of view. Because the given definitions of culture, which encompass the historical, political and traditional heritage of a people, do not really define culture.

Erfan says the culture of each society consists of the spiritual values and elevated instructions, given by the Perfect Man—He who is able to educate others to develop their talents, for the realization of their perfection, and who must be recognized and known as the measure and standard for purity, goodness, charity, peace, brotherhood, humanity and love by the human family. Therefore, the culture of the *Pure* is the peacemaker for the moral and social character of humanity.

Therefore it is necessary that our world becomes truly prepared for a magnificent revolution in peace, in all areas. Thus, it is necessary that the true values of the words which are used be sought in their real and eternal contexts.

My goal is not to advocate a reactionary system of thought, but in honoring and respecting existing efforts, the true meanings of words such as culture, education and development, and many others should be discovered. In the course of the many centuries, because of wars, conflicts, differences in thought and beliefs, and for economic reasons, these words have been used without the benefit of the practical knowledge and experience of their meaning and reality.

I wish to express my appreciation to those who have made the foundations for this gathering and center possible, and I hope to address other aspects of *Erfan* to the humanitarian and freedom-thinking people of the world at future occasions.

I would like to thank all the gentlemen, ladies, distinguished professors and experts who have made the realization of this evening possible.

I ask the Almighty God, the One and only God of the human family, for His blessings of prosperity, justice and peace for all the children of Man.

Time is short and the day of judgment is near.

Washington, D. C. - USA
Wednesday, 2 December 1987
11 Azar 1366
10 Rabi-ol-Thani 1408

Bibliography

Psalm of the Gods	25th edition, p. 7
Principles of Faghr & Sufism	1st edition, pp. 25-77-78
The Sufi Miracles: Commentary on the Holy Koran	Handwritten manuscript (forthcoming)
Al-Salat	8th edition, pp. 35-61
Manifestations of Thought	18th edition, pp. 56-64
The Prince	Modern Library edition, p. 44
Message from the Soul	22nd edition, pp. 8, 11
The Magnetic Body	Handwritten manuscript (forthcoming)
Purification & Enlightenment of Hearts	5th edition, pp. 7, 8
Realm of the Aref	28th edition, pp. 12-18-77-181-195
The Mystery of Humanity	8th edition, pp. 4, 41
The Hidden Angles of Life	14th edition, pp. 13, 18, 29, 101
Dawn	30th edition, p. 26

The Light of Salvation	5th edition, pp. 11, 18
Psalms of Truth	13th edition, pp. 27, 83, 106
The States of Enlightenment	5th edition, p. 5
A Critique of Political Economy	As quoted by R. Freedman, *Marx on Economics* (Harcourt, Brace & World, Inc., 1961)
Nahjol Balagheh	p. 232-241
Nahjol Fessaheh	p. 108
Nirvan	32nd edition, pp. 6, 9

Index of Biblical Quotations

Index of Names
Renowned of the East and West

Index of Koranic Quotations

۳٦- ان الله لایغیّر ما بقوم حتی یغیّروا ما بانفسهم (سوره رعد آیه ۱۱)   ۷۳

صلاح الدین علی نادرشاه

از

مولانا اعظم حضرت شاه مقصود صادق عنقا

«پیر اویسی»

واشنگتن – امریکا

دسامبر ۱۹۸۷

اســـم کـــتـــاب: «صُلح»

نـــام مـــؤلــف: صلاح الدین علی نادر شاه عنقا «او یسی»

تـاریـخ تألیف و چاپ: ۱۳۶۶ شمسی –۱۹۸۷ میلادی

نــوبـــت چاپ: اوّل

تـــعـــداد نـــسخ: ۵۰۰۰۰۰ جلد

این کتاب در مرکز انتشارات و چاپخانه مکتب طریقت او یسی شاه مقصودی بطبع رسیده است.

" Peace "

BY: Hazrat Salaheddin Ali Nader Shah Angha

LIBRARY OF CONGRESS CATALOG No. 87-063381
I.S.B.N.   0-910735-12-3
PUBLISHER:
M.T.O. SHAHMAGHSOUDI, PUBLICATION
P.O. Box 209
Verdugo City CA. 91046
Printed in the United States of America

فهرست مَطالِبْ

هوالله العلی

جهـان، کـه از دیـر بـاز بـر اثـر تشنجـات متلاطم و حوادث گونـاگون بیـن الـمللی در معرض جنگهای خانمانسوز و مناقشات کاهنده قرار دارد، متـحـمل شدائد و خسارات بسیاری است که موجودیت جوامع و تداوم یک نوع همز یستی مسالمت‌آمیز را برای بشر یت مورد تهدیدات جدی قرار داده است. انگیـزه ایجاد مـجامع و جمـعیت‌های صلح طلب سراسر جهان اعتراضـی خامـوش بـه فرسود گیهای بشر درقبـال همـه نـاملایمات و مـحرومیتهای ناشی ازجنگهای فرسایشی اقتصادی و سیاسی و بین‌المللی است. راههای پیچ و خم‌دار کنفرانسهای بین‌المللی و ابرقدرتها برای تأمیـن صلح، از عدم ثبـات و تزلزل انکارناپذیری حکایت میکند. ارائه کننـدگان طرحهای صلح ضمـن تـلاشهای بظاهر مصرانه جو یای راه حل‌های مناسب و قابل اجرائی هستند که در عین حال ضامن تأمین منافع دول متخـاصم بـاشد. همه این اقدامات در خور تحسین اگر بنوبه خود در مـجرای صحیح قرارگیرد متضمن نتایج موقتی و نسبتاً مفیدی خواهد بود، ولی از آنجائیکه اطمینان و اعتماد و تفاهم کافی فیمابین طرفین وجود

الف

ندارد، بیشتر مجالس و کنفرانسهای عمومی و یا دربسته بصورت تحمیل عقاید و یا شطرنج بازی سیاسی برگزار میگردد. لذا پس از امضاء هر معاهده نیز دیده میشود که مسئولیت اجراء صلحنامه ها را گروهی دیگر بعهده میگیرد.

بنابراین موضوع صلح عمومی چیزی نیست که تازگی داشته باشد بلکه تحت عناوین و شرایط مختلف در دورانهای متعدد واخیر بشریت در سراسر دنیا مطرح شده و میشود و بعضی در متن و برخی در حاشیه آن آرزوی برقراری دائم آنرا در مخیله می پرورانند. ولی مساعی عمومی بعلت دور ماندن از هدف اصلی و وجود تبعیضات مختلف به نتیجه مثبت منتهی نگردیده است.

در این میان، روشهای برتری جویانه فردی و نژادی و مذهبی مانع بزرگی برای حصول نتایج قطعی و عملی بوده است. هیتلر بعنوان فرد نژادپرست در نظر داشت که تحت رهبریهای نژادی و ناسیونالیستی، وحدت عمومی زبان وحزب و هم چنین اصلاح نژاد برتر از طریق تحقیقات ژنتیکی برای اقوام و ملل مختلف تأمین و اجراء بنماید و به تبعیت از همین

ب

ایدئولوژی است که نظرات و روشهای دیگری نیز از سال ۱۹۰۰ میلادی تا کنون بوجود آمده و در نظر دارند با ارائه این تز قدیمی وحدت نیم بند و مصنوعی به جوامع بشری هدیه کنند که در نهایت همان سلطه جوئی فردی وسیاسی است.

متن حاضر، مجموعه‌ای از سخنرانیهای **حضرت مولانا صلاح الدین علی نادر شاه عنقا پیر اویسی** خطاب به دانشجویان، دانشمندان و دولت مردان جهانست، که در یک گردهمائی عظیم بدعوت (THE AMERICAN UNIVERSITY) در تاریخ دوم دسامبر ۱۹۸۷ در واشنگتن ایراد شده است.

با عرض استدعا به محضر شریف حضرت پیر معظم، تقاضا نمودیم اجازه فرمایند تا تقریرات متن سخنرانی به زیور طبع و نشر درآمده و در معرض تعلیم طالبان و استغاصه بشریت و مجامع علمی بین‌المللی قرار گیرد. ضمن اجابت استدعای این فقیران که موجب افتخار و مباهات است، فرمودند:

محتوای متن سخنرانی، در واقع مبین زوایائی از کرامات و

ج

تعلیمات سازنده حضرت مولانا شاه مقصود صادق عنقا پیرطریقت اویسی است که ضمن آثاربی نظیر خود قبلاً نیز جهانیان را به ارزشهای درونی و روابط حقیقی انسانی متوجه فرموده، و ندای حقیقتی است که راهنمای اندیشه‌های راهنما و موجب فلاح و سعادت بشریت است.

بهمین مناسبت با توجه به اهمیت این واقعه و استقبال منصفانه از اظهارات معظم له که راه گشای بسط و استقرار محیط آزاد تفکر برای همه آزادیخواهان و بشر دوستان است، در صدد برآمدیم تا آنجائیکه امکان دارد مردم آزاداندیش و دلسوز سراسر عالم را در متن و مسیر این نقطه نظرات قراردهیم، باشد که حاصل این ارتباط و فیض معنوی موجب اتحادنظر و اقدامات مجدّانه همه ملل و گروههای متفکر شود.

اقدام حاضر که با نیت خیرخواهانه و معنوی عمیقی همراه است، شما خواننده را نیز مخاطب قرارداده و ضمن اظهار صمیمیت و تقدیم دوستی، درخواست میشود تا محتوای نظرات مندرج را باسعه صدر و آزادی بدور از تعصب مطالعه فرمائید. زیرا همه افراد بشر در این تنگنای کشنده مسئول

رفع موانع هستند و اختصاصاً این مجموعه رسالتی را برعهده دارد تا دلهای مفارق و جدامانده، براساس اصول تعلیمی برجسته ای که حاصل فداکاری وعشق آموزی مکتب عرفان شاه مقصودی است به تعالی و تفاهم نهایی نزدیک گرداند. چنین رسالتی که از توفیقات خداوندی مایه گرفته و به حرارت و یگانگی انسانهای صدیق پشتیبانی گردد، چراغ حقیقی هدایت و موجب نجات بشر از ورطه انهدام است.

کتابهای سحر، پدیده های فکر، راز بشریت، نیروان، پیام دل، اصول فقر وتصوف، جهان عارف، مقاصدالارشاد، سراج الهدی، آواز خدایان، تنویر وتطهیر القلوب، الصلوة، پیکره مغناطیسی و مجموعه یکصد و پنجاه اثر دیگر از آثار **حضرت مولانا شاه مقصود صادق عنقا پیراویسی** گنجینه بی نظیری از تفکرات هدایت کننده بسوی سعادت فردی و اجتماعی انسانست، و این رسالتی است که بدون هیچگونه چشم داشت در اختیار تحقیق و تعلیم دانشگاههای جهان برای صلح و آرامش مداوم بشری قرار گرفته است. وعقیده داریم که آگاهی و آشنایی جوامع بشری با فرهنگ حقیقی و تعلیم وتعلم واقعی، امید رشد بذرهای شکوفا و

هـ

بارقه های صداقت و سعادت بشری را صد چندان خواهد نمود.

بعنوان یک خواننده، شما نیز مسئول نشر عقاید و روشهای سالم و سازنده برای نسلهای فعلی و آتی هستید، پس چه باشکوه است اجتماع متحد و متفکر و سازنده ای، که به حرارت عشق و فداکاریهای بی ریا و دور از تعصبات خام و ناکام، موجب اشاعه عقاید و تعلیمات حقیقی باشد، و این نغمه شوم را که دیگران باید کاری انجام دهند از ساحت مقدس افکار و قلوب معتقد خود بدور داریم و مطمئن باشیم که **انسان سازنده محیط خویش است.**

سوداگران سیاسی و اقتصادی، از هرنوع اتحاد و جمعیت حقیقی در هراسند و حکومت تفرقه بیانداز بهمین مناسبت پابرجاست، لذا استقرار و استقلال هر هدفی در گرو پیشاهنگان صدیق و فداکار اوست و صلح طلبان عالم نیز از این قاعده مستثنی نیستند.

جهان تاریک، به طلوع سپیده صبح صادق سخت نیازمند است و چراغ علم و معرفت نیز هر چه پر نورتر بهتر.

پرتو صداقت راست اندیشان و اعتقاد محکم شخصیت سازان و بنیاد

و

مرصوص اهل ایمان، امید روزهای روشن بشریت است.

هیئت هم آهنگی امور بین‌المللی

مکتب طریقت اویسی شاه مقصودی

بسم الله الرحمن الرحیم

والّذین جاهدوافینا لنهدینّهم سبُلَنا

آنانکه در ما جهاد میکنند به راههای خود هدایت میکنیم.

سوره ۲۹ آیه ۶۹

قرآن مجید

هوالله العلی

اساتید و دانشمندان محقق، حضار محترم، خواهران و برادران عزیز،

شکر بدرگاه خداوند علیم که خلقت هستی را در کمال عزت و استوا خلعت بخشید وزمین وآسمانها را به رحمت وحکمت اعلای خویش برپا فرمود تا جایگاه معرفت ومحبت باشد ومیزان عدل و عشق را در نهاد بیحدود انسان سراج هدایت موجودیت اوبسوی اعتلای ذات هستی قرار داد.

دراجرای مفهوم و رسالت حقیقی معرفت انسان، امروز را مغتنم دانسته و باید بگوئیم:

جهان متشنج و روابط متلاطم فعلی بشر براثر بسیاری از حوادث نامطلوب و به پیروی از ایده های ناصواب وغیراصولی گذشته و حال، دانسته و یا نادانسته در خطر انهدام همه امکانات ومنابع و ارزشهای نهفته در متن حقیقی انسان است. این زنگ خطری است که هر چه زودتر می بایستی نسل فعلی بشر و بخصوص افراد متفکر و آزادیخواه سراسر عالم بآن توجه عمیق نمایند.

همـه افـراد انسـانی و اركـان اجتماعی كشورهای مختلف هر كدام بنحوی تحت تأثیـر ارثیه‌های شوم و روشهای نابجای گذشته و فعلی، دستخوش همـه نـوع نـاملایمـات و فشار جنگ‌های روانی، سیاسی و اقتصـادی، نظامی هستند و در چرخش زنجیره‌های این ارابه مخرب، همه ارزشها و نعمات فردی و جمعی بشر در حال نابودی است كه حتی به خود محرّكین این فجایع نیز رحم نخواهد نمود. سختی و تنگی بر همه سینه‌ها سنگینی میكند و ناله‌های تظلم و چاره‌جویی مسیر حقیقی اصلاح را نمی‌شناسد.

زمان آنست كه به كلام حق آفرین و وحی خداوند در قرآن كریم توجه شود:

یقول الانسان یومئذاین المفر (انسان در آنروز میگوید كه مسیر نجات و رهائی كدامست؟، سوره قیامت آیه ۱۰)، آیا امروز آن روز نیست؟ آیا میشود كه بشریت بظاهر مترقی و در واقع ناآرام و ستیزه‌جو، حرف صلح و آرامش حقیقی خود را در كتاب آفرینش بیحدود بشناسد و جهنم سوزان فعلی را بیاری معرفت حقیقی مقام انسان به بهشت موعود مبدل سازد؟.

این مطلب، اصلی است که هرگاه در اعمال و مقاصد گردانندگان وطراحان اجتماعی بشری نباشد خواه ناخواه در سطوح فکری مختلف و ایدئولوژی اجتماعی هر فردی وجود دارد.

صلح برای جنگ، یا جنگ برای صلح؟

این سئوالی است که تعمق در محتوای آن می بایستی مورد توجه انسان پژوهشگر باشد زیرا:

تاریخ بشری مشحون از اقدامات خصمانه و جنگ افروزیهای خانمان سوز بسیار است. جنگهای منطقه ای، قومی، ملی، مذهبی و جهانی سطور بسیاری را در کتاب اجتماعات بشری رقم زده است. در ضمن تمام این حوادث، متجاوز و یا مدافع هرکدام در این نوع برخوردها خود را بنحوی محق میداند. غالب، ادعای غرامت دارد و مغلوب در انتظار انتقام و مقابله مجدد نقشه میکشد. اینست سرگذشت و ودیعه نسلهای بشری که اسلاف به دست اخلاف رسانده اند و همه از یکدیگر وحشت دارند.

حالت تهاجم و یا تدافع، تعاریف ساختگی بخود گرفته و احترامات حقیقی بحقوق اصیل بشریت پایمال شده و مسابقات تسلیحاتی قدرت

تفکر صحیح را از بشر سلب نموده، ولی بشریت و دولتهای صاحب قدرت، از تقویت نیرو و تهاجم در تاکتیک های خود غافل نیست و آنرا اصلی چاره ناپذیر میدانند. در تمام رفتار بظاهر صلح آمیز و کنفرانسهای بظاهر بین المللی برای جنگ آماده اند وجنگ را برای توسعه و استحکام صلحی نیم بند لازم میدانند.

دستگاههای بظاهر علمی و تکنولوژی وسیع فعلی همچون بردگان (ROBOTS) در خدمت طراحان جنگهای اقتصادی هستند. مدار مرزهای فرضی بین کشورها و یا ناسیونالیسم وهمچنین ایده های فردی و نژادپرستی، بهانه ای مردم پسند برای ایجاد بلوا وانقلابات ساختگی و تجاوز و قتل و کشتار است. **عجب آنکه هم دول غالب و هم ممالک مغلوب همه صلح طلبند ! ودور میزهای کنفرانسهای بین المللی از حقوق مساوی در رای نیز برخوردارند! پس جنگها برای چیست؟** همه این سئوالات و بسیاری دیگر ما را بسوی طرح این مسئله قابل اهمیت راهنمائی میکنند که اصولا خود صلح چیست؟ و در کجا و تحت چه شرایطی برقرار میگردد؟ که در طول قریب هفت هزار سال تاریخ نوشته

شده و میلیونها سال عمر تقریبی انسان، حوادث متعدد و بیشمار مستمسک بسیاری از اعمال ناشایسته و برخوردهای خصمانه بوده است. پس از گذشت همه این قرون، بشر نه تنها به آرزوی خود یعنی یک صلح نسبی مداوم دست پیدا نکرده بلکه برخلاف سرعت و رشد اختراعات و علوم جدیده و امکانات وسیعتر خود، از منطقه حقیقی صلح روز بروز بدور افتاده است.

لفظ صلح، در اندیشه و یاآمال درونی انسان گاه و بیگاه بعنوان نمونه و الگوی کامل رفتارهای بشری وعدالتخواهی روابط اجتماعی او بانحاء مختلف مطرح شده و میشود ولی متاسفانه از حدود یک دورنمای تخیلی که با اندک حادثه در هم میریزد تجاوز نمیکند.

پدر من، **مولانا المعظم حضرت شاهمقصود صادق عنقا پیراویسی** در کتاب **پیام دل** فرماید:

«دروغ به راستی و شرارت به رحمت و ظلم به عدل عارف نیست.»

زیرا اگر بشر صلح را بمعنی تام و تمام خودمی شناخت و از فانتزیهای

خیالی و افکار متفلسفانه و ایدئولوژیهای منحرف ابا مینمود، حداقل به
نسبت پیشرفت و ترقی محسوسی که در اکتشافات و کاربرد علوم جدیده
پیدا نموده، در این زمینه نیز به نتایج قابل اطمینان و ملموسی دسترسی پیدا
میکرد. یعنی همانطور که منابع حرارتی اولیه دوران ما قبل تاریخ را به
کوره های اتمی و پیه سوزهای قدیمی را به الکتریسته و روشنائی چشمگیر
فعلی مبدل نموده، برخوردهای مختصر زمانهای قدیم قبیله ای و تجاوزات به
سفره همسایگان را به جنگهای وسیع عالمگیر اول و دوم و طراحی
مناقشات روانی ــ اقتصادی ــ نژادی ــ عقیدتی و مذهبی فعلی مبدل
نمی نمود.

**پس نتیجه منطقی آنست که بگوئیم بشر در طول این مدت فقط
توانسته است جنگ و جنگ افزارهای مخرب تر را بخوبی شناخته و در
توسعه و بسط آن غافل نمانده است.** بنابراین اصل، صلح را نمی شناسد
تا در توسعه و آموزش آن بنحو موثر و نسبتا چشم گیری اقدام نماید!

بنابراین دیده میشود که برای تکنیک کوچکترین وسیله و یا روشهای
درمانی و بهداشتی و تجربه و تجزیه و تحلیل علوم و مواد، وسائل و

متخصصین و مراکز آموزشی فراوان در سراسر دنیا فراهم شده ولی برای
اشاعه و آموزش صلح به دانشجویان آزاد اندیش و حقیقی عالم که باید
دولت مردان آینده اجتماعات بشری باشند تعلل ورزیده میشود. **اصل**
بلا تردید در افق تعلیمات اهل عرفان اینست که باید بدانیم تا
موضوعی شناخته نشده باشد فوائد و نتیجتا لزوم کسب آن نیز هیچگاه
طرح عملی بخود نمی گیرد. لذا اگر عالیترین قوالب الفاظ و ایده ها
ضمن خطابه ها و یا کتب و مرا منامه به تنهائی در اختیار عامه قرار گیرد
موجب شناسائی و کاربرد صلح و نتیجتا برقراری آن نخواهد بود. البته
بعنوان یک دورنمای دلپذیر مدتی شنوندگان و خوانندگان خود را در
آرزوهای دور و دراز غرق خواهد نمود و احتمالا موجب محبوبیت طراح آن
نیز خواهد گردید ولی دیری نخواهد گذشت که القاء کننده و پذیرنده هر دو
مایوس اعمال خویش میشوند.

جنگ تامین کننده صلح نیست زیرا عامل جنگ بیشتر بدلیل
حفظ موقعیت های قدرت طلبی و منافع اقتصادی است نه رفع
اختلافات. اگر چه ظاهرا این دوموضوع متقابل بنظر میرسند ولی عوامل

ایجاد و اهداف آن با یکدیگر کاملا متفاوت است. حفظ منافع اقتصادی و تجاوزات افراطی جوامع بشری که حاصل عدم احساس امنیت و اعتدال روحی افراد و نتیجتا حکام آن جوامع است علت اساسی بروز مناقشات بین‌المللی و بعنوان مثال جنگهای اول و دوم جهانی است. روحیه برده‌داری و استثمار منابع طبیعی و انسانی که در قدیم بنحو منطقه‌ای و محدود جالب نظر انسانها بود و خودخواهی ها بصورت امراض فردی تظاهر مینمود و موجب تجاوزات و جنگها بود، در قرون بعدی و زمان فعلی صورتهای ملی و بین‌المللی بخود گرفته و روحیه برده‌داری تغییر چهره داده و بصورت استثمار یک قوم و خاک و همه میراثهای او مورد تاخت و تاز و یغماست. نمونه بارز این رویه، جنگ دوم جهانی و تغییر مناطق جغرافیائی ممالک و انتقال قدرتهای اقتصادی و ظهور قدرتهای سیاسی جدید در استثمار نقاط اقتصادی مختلف جهانست. بنابراین واضح است که در اِعمال اینگونه روشها منظور برقراری صلح نیست بلکه رفع اختلافات پس از جنگ یعنی تامین منافع اقتصادی دول غالب. چگونگی سلطه و تقسیمات ممالک به بلوک شرق و نیروهای متفقین در ارو پا و آسیا و

آفریقا تعاریف عملی و محسوس از نتایج صلح بعد از جنگ دوم جهانی است. تزهای صلح پیشنهادی بلوک شرق در شعارهای سیاسی و ایدئولوژیکی خود نیز یعنی تسلط بر امکانات اقتصادی و ابزار کار ممالک دیگر برای خدمت به سیستم برده‌داری و بهره‌برداری دول مرکزی.

همه این نتایج و بررسی برای توضیح اینست که: جوامع بشری کنونی به تحریک طراحان اقتصادی بین المللی فریادهای صلح و آزادی از حلقوم خویش برمی‌آورند ولی در حقیقت آلت دست ایجاد بلوا و اختلافات جدید برای بهره‌برداریهای جدید اقتصادی صاحبان قدرت جهانی هستند.

عجیب و مضحک آنکه دستگاه استثمارگر، دستجات دیگری را اجیر می‌کند و تحت عناوین و تزهای غیر عملی و عوام‌پسند با رنگ روغن احزاب و یا دین های خلق الساعه درصدد ایجاد ایدئولوژیهای برادری و برابری و یا نوع اصطلاحات بیت العدل و یکی نمودن زبان‌های مختلف ملل و یکسان کردن پولهای رایج ممالک و از میان

بردن مرزهای بین‌المللی و استقرار عقاید و دین واحد دارند. همه این ایده‌ها که در نظر اول قالبهای خوش آیندی بنظر میرسند، در عمل موجب بسط نزاعها و اختلافات و در نتیجه قدرت طلبی های افراد و چهره‌های جدیدی خواهد بود که بناچار جای پای گذشتگان را با اسامی جدیدتری پرخواهند نمود و الانفس عمل تغییری نخواهد نمود و لطمه‌های اجتماعی و فرهنگی چندین برابر خواهد گردید. البته در این مجال لازم بتذکر است که **این نوع عقاید توحیدی، استنتاج و استنباط ناقصی از عمق تعلیمات دین اسلام است که بعاریه گرفته‌اند و راههای عملی وصول به آن مبحث مفصلی است که در حیطه‌های آموزش عرفان به نتیجه‌های نهائی خود رسیده است.**

قوانین بین‌المللی حاصله قرون اخیر که ارثیه‌ای از تجربه تلخ و ناکام گذشتگان است قوت و قدرت خود را فقط در لابلای الفاظ تصویب نامه ها و کتابها حفظ نموده و در عمل هیچگاه ضمانت اجرایی ندارند. از عقاید گذشته بشر بعنوان آرامش فردی و باطنی و تفاهم و همزیستی متقابل و صلح‌آمیز اجتماعی و یا روابط منطقی و ثابت بین‌المللی هیچکدام به نتایج

همه گیر و عملی منتهی نشده است.

قوانین صلح‌آمیز در لوحه‌های سنگی هخامنشیان و ساسانیان و تعبیرات دور و دراز امپراطوران رومی برای حفظ قلمرو ممالک امپراطوری و روابط افراد و بردگان او بوده است.

افکار شاعرانه هومر قلمرو صلح را در رفتار مسالمت‌آمیز انسانها با محیط و اجتماعات خارج دانسته و عدالت اجتماعی را بعنوان یک ایده، موجب آرامش افراد جامعه میداند ولی از چگونگی حصول آن و راههای تامین حرفی بمیان نمی‌آورد.

رومیهای آزادیخواه و صلح‌طلب با اعمال قدرت‌های نظامی و تهدید و ارعاب، امپراطوری را گستردند و همه ملل غیر از رومی را برده خطاب میکردند و سوریها و یهودیها را بعنوان بردگان مادرزاد میدانستند!

در یونان، افلاطون و ارسطویکی پس از دیگری جمهوریت و سیاست را بصورت نظرات خود تنظیم و انتشار داده و روابط انسان را با محیط درونی خویش از یکسو و رابطه با اجتماعات اطراف را از سوی دیگر مورد بررسی قرار دادند. و بدنبال همین عقاید، ارزش انسانی در قبال ارزشهای

اجتماعی در نظر گرفته شد وعملا در این دوره از تفکرات، بشر به قالب اجتماعات خویش شخصیت و ارزش داد و اصول اخلاقی و نظامات اجتماعی را موجب رفاه و صلح دانست. ولی همه این عقاید نیز بعنوان فرضیه نقل افکار دانشجویان بعدی گردید و بی حاصل بود.

تاریخ قرون وسطی و سیر تدریجی تفکرات بشر واحتیاجات مادی اورابسوی عوامل و منابع اقتصادی متوجه نمود.

آدام اسمیت پدر سرمایه داری، نیازهای اقتصادی و زندگی افراد را موجب حرکت در جامعه تشخیص داد و برای رفتارهای اجتماعی و تامین مایحتاج فردی رعایت قوانین جامعه را لازم دانست. بشریت بسوی حرص و نیازهای بی انتها متوجه شد. اصول اخلاقی اجتماعات در زیر پای تامین منابع اقتصادی جدید لگدکوب شد. سرمایه دار بیشتر میخواست و نیازمندان به اسارت بیشتری اعتیاد پیداکردند. تجارت و اقتصاد در گرو اشخاص و خواسته های آنان بود و بقیه هم بازبنا بروش قرون گذشته برده و زرخرید طماعان شده اند.

مارکس به زعم خود و به تعقیب روش هگل راه مبارزه با سرمایه داری

را طرفداری از طبقه کارگر وتولیدکننده قرارداد و بهمین تز برای سیستم فکری خود آنتی تزی ساخت. سرگذشت تاریخی توسعه این افکار که امروزه بنام او ثبت شده روش جدیدی نیست و این روش همانست که گلادیاتورها را بر نجباء رومی و یا یهودیان را برعلیه دولت غاصب رم و همچنین روی کارآمدن چنگیزخان مغول و از بین بردن امپراطوری چین و یا سایر نمونه ها را باعث شده است. همهٔ این عوامل در پرده پنهانی خود تبعیت از یک موضوع دارند و آن حفظ و توسعه مرز و عوامل اقتصادی فرد و یا افراد است که تا کنون جریان دارد.

بشر، اصول اخلاقی را در جوامع خود مطرح نموده و روابط فیمابین انسانها را تا جایی که به منافع شخصی و اقتصادی واهداف توسعه طلبانه او لطمه ای وارد نیاورد لازم الاجراء میداند ولی بمجض برخورد با اولین مشکلات درصدد ازبین بردن مانع برمیاید که در اینصورت جنگ و برخورد را باخود دارد. پس جنگهای موجود و یا آتی انگیزه صلح و آرامشی ندارند تا صلح و آرامش بوجود بیاورند. پس عدم وجود برخوردها وجنگهای عملی دلیل کافی برای وجود

صلح نیست بلکه آنرا باید همانند مرض مخفی دانست که بموقع خود
بروز خواهد نمود. و بنابراین نمونه های جنگهای سرد تبلیغاتی و
تحریکات منطقه ای و دخالتهای غیرمستقیم در تعقیب ایجاد زمینه مناسب
برای جنگهای وسیع تر آینده است.

ادیان الهی و موضوع صلح:

واما در تاریخ بشر عامل عقیدتی دیگری نیز وجود دارد که جدا از
خلقیات، نژاد، فرهنگ و علائق و فلسفه های فردی و اجتماعی میتواند
حاکم بر تغییر سرنوشت انسان باشد. ولی اعتقادات عمومی در این زمینه
نیز از مسیر حقیقی خود بنابه جهات مختلف منحرف شده و از اصل
حقیقت ادیان به علت همان انحرافات جدا مانده است.

سرگذشت قوم یهود و آزادی آنان از اسارت و بردگی حکومت فرعون
بهدایت حضرت موسی علیه السلام از نکات قابل توجه است. بر اساس
لایحه معرفت خداوند و در یافت ماموریت الهی، اقوام سرگردان یهودی
که نسلهای متمادی در زیر یوغ اسارت، تمنای آزادی را نیز فراموش کرده

بـودنـد بـه نـدای بـیدارکـنـنـده پیـامبر تشویق شده و از زندگی بخورو نمیر
اقـتـصـادی صـرفنظر نموده وراهی سرزمین موعود که از تعلیمات **حضرت**
موسی بـود شـدند. تعداد انگشت شماری از آزادشدگان به مسائل حقیقی
مـورد تـعلیـم **حضرت موسی** توجه و عمل نمودند، و اکثر افراد دیگر بدنبال
تـامیـن مـنافع و منابع جدید اقتصادی در سرزمین اسرائیل ودره‌های سرسبز
رود اردن هـمـراه قـافـلـه شدند و در واقع بعلت فشارها و سرکشی نه تنها به
پیـام پیامبر بلکه به هر پدیده و یا ایده‌ای که بوی آرامش و امنیت بیشتری
میـداد دل مـی بـستـند و این مـوضـوع نـاشی از آنست که کهنگی عقاید
بـمرورزمـان مـوجب بروز خرافات و رسوم پوشالی دست و پاگیر میشود.
بهمیـن مـنـاسبت سرزمین موعود حقیقی را که مورد اشاره و بشارت پیامبر
خـدا و متـضـمـن صلح و آرامش واقعی بمعنی همان **شالوم** (این کلمه در
عـربـی نیز سلام و بمعنی صلح و آرامش است) بود با اقامت در دره اردن و
سکـونـت در چهـار دیـواری اورشـلـیم اشتباه کردند. تاریخ گذشته بوضوح
نـشان میدهد که **وقایع و جنگهای بسیار** این سرزمین لحظه‌ای با تعبیر کلمه
صلح یـعنـی «حتی برای همسایگان خود صلح طلب کن» وفق ندارد (از

جمله قوانین و شریعت دهگانه حضرت موسی اینست که همسایه خود را آزارمکن).

برای رعایت ظاهری همین دستور نیز آیا مرزهای بین‌المللی اقوام دیگر در تاریخ این قوم مورد تجاوز قرار نگرفته است؟ جواب مثبت است زیرا دلیل آن در روشهای موجود مبتنی بردفاع از اصل توسعه اقتصادی است.

آیا جهان اقتصادی امروز در تقسیم ثروت عمومی روش عادلانه‌ای دارد که مرزهای منطقی و مشترک بین دول و ملل باشد و بهیچوجه مورد تجاوز و تعدی قرار نگیرد؟ در رعایت همین شریعت، این موضوع نیز از مفاهیم دیگر همسایه است که می‌بایستی در چارچوب تعلیمات حضرت موسی (ع) رعایت گردد تا جهان، از تورم و بحرانهای اقتصادی و گرسنگی‌های مصنوعی نجات یابد.

در تورات (کتاب اشعیاء ۱۷:۳۲) صلح در گرو عدالت و آرامش و امنیت نتیجه راستی قلمداد شده است.

براستی عدالت چیست و راستی کدامست؟ که میوه آن در اجتماع افراد انسانی بصورت صلح و آرامش می‌بایستی ظهور کند و چرا تاکنون

بوقوع نپیوسته است؟.

در یک بررسی مجمل آنکه تعلیمات پیامبران و فرامین خداوند بصورت جملات و شعار مورد استناد افراد و جوامع بشری هست ولی از درک واقعیت عملی و استقرار آن در کنه اخلاقیات و معرفت انسان خبری نیست و النتایج نیکوی آن بلافاصله بظهور میرسید. اگر پرسیده شود چگونه، میگویم ریشه راستی و عدالت علمی در سازمان هر درختی منتهی به حصول میوه مناسب و سالم خود در فصل معین آنست. بنابراین، اینکه بعضی گمان دارند که ادیان قدیمی، کهنه و احتیاج به ظهور ایده‌های جدید و جایگزینی روشهای نوین دارد سخت در اشتباهند و این عمل جز بدعت بی حاصل نتیجه‌ای در برندارد و موجب محرومیت بشریت از دریافت تعلیمات حقیقی خداوند شده است.

تلقینات مسموم کسانی که خیال میکنند انتقال الفاظ انبیاء و یا اختراع جملات دهان پرکن جدید موجب سازندگی و رونق جوامع بشری است موجبات انحراف بسیاری از افکار بشر را فراهم نموده‌است. بهمین مناسبت اجرای احکام الهی برمبنای تعبیرات ناقص و هوسهای نابجا و

استنباطات فردی، بدون دریافت مستقیم معانی تعلیمات پیامبران موجب ظهور گروه‌ها و شعبات و طرز تفکرهای متفاوت در اقوام و اعتقادات مختلف شده و خود این مسأله دستاویز مخربی برای ایجاد جنگهای مذهبی منتها با نامهای مختلف گردید. بنابراین باید گفت، سرزمین موعودی که متضمن سعادت بشری و صلح عالمگیر است بدون تعلیمات حقیقی و مستقیم خود **حضرت موسی (ع)** جهنم واقعی است.

بهمین نحو خداوند کریم درسوره حجرات آیه ۱۳ قرآن مجید فرماید:

یا ایهاالناس انا خلقناکم من ذکر وانثی وجعلناکم شعوبا و قبائل لتعارفوا ان اکرمکم عندالله اتقیکم ان الله علیم خبیر.

(ای مردم، همانا ما شما را از نر و ماده آفریدیم و شما را در شاخه‌ها و تیره‌هائی قرار دادیم تا معرفت حاصل نمائید که نزدیکترین شما بخداوند کسی است که فرمان خداوند دانا و آگاه را اجرا کند.)

ظهور حضرت مسیح (ع) و اعلام رسالت خویش مبنی برآشنائی انسان با ملکوت خداوند، تجربه جدیدی از معرفت انسان برای ارتقاء و اتصال به مبدأ ثابت‌تری بود. براساس همین استقرار و معرفت، ابعاد

وسیعتری از روابط انسان را در ارتباط با جهان محسوس و مادی از یکطرف و گسترش لطافت روحانی او را از طرف دیگر در معرض عبرت و تعلیم قرارداد. بموجب همین معرفت اگر در قانون لازم الاجرای قبلی یعنی تورات، زنا در مرتبه انسان خاکی مذموم شناخته شده بود در این علو روحی جدید رعایت افکار خاطی انسان بسوی تصور عمل زنا نیز خیانت محسوب شد. کردار انسانی که در تعلیمات **حضرت موسی (ع)** در تادیب و تربیت انسان با محیط طبیعی و همنوعان خویش در رفتارها مرتبط میشد درمعارف والاتر، مکتب الهی خواست تا عوامل محبت و لطیف نیز به انسانها بیاموزد چنانکه در انجیل متی (۵-۱۷) چنین وارد شده است:

«گمان مبرید که آمده ام تا تورات یا صحف انبیاء را باطل سازم نیامده ام که باطل کنم بلکه آمده ام تا آنرا تمام کنم»

و یا در انجیل متی (۵ - ٤٣ و ٤٤)

«شنیده اید که گفته شده است همسایه خود را محبت نما و بادشمن خود عداوت کن ٭ اما من بشما میگویم که دشمنان خود را محبت نمائید و برای لعن کنندگان خود برکت بطلبید و بآنانیکه از شما نفرت

دارند احسان کنید و بهر که بشما فحش دهد و جفا رساند دعای خیر کنید».

براستی مردم صلح طلب عالم و بطورکلی مسیحیان درصدد هستند تا یکی از دستورات و تعلیمات فوق را فراگرفته و اجراء نمایند؟ آیا دستورات الهی پیامبران فقط برای دسته‌های خاصی از مردم مثلا در کلیساهاست که آنرا تکرار نموده و با آوازهای دستجمعی هماهنگی کنند ولی برای اجرای آن فرامین هیچگاه طرق مناسبی کشف نشود؟ پس مخاطب این تعالیم و پیام این پیام‌آور کیست؟ یعنی اگر این فرامین مخاطبین مؤمنی در دولت مردان مسیحی داشت آیا فاجعه جنگهای اول و دوم جهانی که موجب کشته شدن و تخریب بسیاری از افراد و امکانات شد اتفاق میافتاد؟ عجیب نیست که در طی تشریفات پوشالی، همان سران دول در سالهای متفاوت دیگر برای یادبود چنین روزهائی به سرقبر سرباز گمنام دسته گل نثار میکنند!

اصل و هدف قوانین و تعلیمات این پیامبر که اصولا باید بنام رهبر رستگاری بشر بسوی واقعیت انسان شناخته شود، این است که موجودیت

انسان حریص و محدود به ماده و اقتصاد را از قالب مرده حیات طبیعی خارج نموده و با و حیات مجددی بعنوان تولد ثانوی عطا نماید تا در تجربه و رشد در محیط اعلی تری که آنرا بعنوان ملکوت خدا نامگذاری فرمود، حامل پیامهای عشق و محبت و برادری به اهالی زمین باشد. جالب آنکه برای اثبات قدرت معنوی تعلیم و تربیت در حقیقت دین، دختر تازه مرده و مرده چهار روزه در قبر را مجدداً زنده نمود تا بگوید که حصول حیات برای انسانهای زنده آسانتر است.

کاربرد اصیل فردی و اجتماعی در معرفت حقیقی دین آنست که انسان ملوث به انواع امراض و اغراض بدست طبیب الهی بهبودی مییابد و چون سلامت یافت به دفع امراض و نواقص توانا خواهد شد. بنابراین در قانون وجودی خداوند برای چنین پرورش و تعلیم، امکانات مقتضی بنا بتقدیر وجود آماده و فراهم است فقط اندکی توجه به مبدأ لازم دارد.

در انجیل یوحنا (١٥-١٦) چنین فرماید:

«شما مرا برنگزیدید بلکه من شما را برگزیدم و شما را مقرر کردم تا

شما بروید و میوه آورید و میوهٔ شما بماند تا هر چه از پدر باسم من طلب کنید بشما عطا کند.»

بنابراین انسان در اصل، بر گزیده شده هست، اگر حقیقتاً بمبدأ افاضات و تعلیمات برای یک معرفت عالی روی آورد. این مواجهه و تعلیم که جایگاه آن پس از تولد ثانوی بشری است، آماده سازی مقدماتی است که بشر، دل از خاک تیره و همه افراط و تفریط و رویه های نامتعادل، کنده و خود را برای زندگی سالم و تمدن حقیقی آماده کند. در آنصورت متولدین جدید که در محیط سالم روحانی ملکوت خدا پرورده شده باشند مصلحینی هستند که نه آزار میشوند و نه آزار میرسانند. بهمین مناسبت است که **حضرت عیسی (ع)** ضمن تعلیمات خود به شاگردان خویش میگوید:

انجیل یوحنا (۱۴-۲۷) «صلح و آرامش برای شما میگذارم. آرامش خودرا بشما میدهم نه چنانکه جهان میدهد.»

مفهوم حقیقی این فرمایشات که معمول تعلیمات عرفان است مبین آنست که جهان آرامشی ندارد تا به بخشد. **بنابراین در معنای حقیقی، صلح و آرامش جنبه فردی و باطنی دارد تا در اشاعه این اصول، نتیجه**

آن یک صلح نهایی باشد.

اگر گمان شود که روش اصلاح ایمانی و آرمانهای اجتماعی و نتیجتا بوجود آمدن جوامع صلح‌دوست فقط بطریق تعلیمات کلاسیک و دیالکتیک‌های منطق ذهنی بشر بود حتما در یک زمینه واحد مثلا مذهب اجتماعات، این همه شقوق و اختلافات نبود یعنی پس از قریب ٢٠٠٠ سال همه اقوام یهودی به مسیحیان مبدل شده بودند، در حالیکه می‌بینیم چنین نیست . بنابراین اگر دیده میشود که میدان مسابقات رم مبدل به قتلگاه مسیحیان بدستور امپراطوران بی‌دین رومی میشود، فرق چندانی با کوره‌های آدم‌سوزی آشویتس و تربلینکاو اعدامهای دسته جمعی یهودیان در جنگ دوم جهانی ندارد.

بنابراین علت، اجتماعات بشری که حاکی از اشتراک منافع فردی و جمعی است دلیل وحدت ایمانی نیست چنانکه می‌بینیم در بسیاری از جنگهای اقتصادی و جهانی مسیحیان به خود نیز رحمی ندارند تا چه برسد به دیگران.

برای همین مطلب است که مرزهای اعتقادی افراد با اندک وزش

بادهای نامناسب همانند مرزهای ملی ممالک دستخوش حوادث است ونقطه ثابتی ندارد. زیرا مجرای اعتقاد و ایمان و محل صلح و ثبات در مرکزیت روحانی انسان قابل کشف و ابراز و تربیت و تعلیم است و در آنصورت دستخوش تغییرات نشده و به طمع و حرص و آز و سرکشی و شراره‌های نادانی به قتل و تجاوز و جنگ اقدام نمیکند و این ملکوتی است که جایگاه **عیسی علیه السلام** و محل نشر محبت و فداکاری حقیقی است و در انتظار خواهان خود برای خدمتگذاری آماده است. انجیل لوقا (٢٢-٢٧ و ٢٨ و ٢٩ و ٣٠)

«زیرا کدامیک بزرگتر است آنکه بغذا نشیند یا آنکه خدمت کند آیا نیست آنکه نشسته است، لیکن من در میان شما چون خادم هستم ۞ و شما کسانی می‌باشید که در امتحانهای من با من بسر بردید ۞ و من ملکوتی برای شما قرار میدهم چنانکه پدرم برای من مقرر فرمود ۞ تا در ملکوت من از خوان من بخورید و بنوشید و بر کرسیها نشسته و بر دوازده سبط اسرائیل داوری کنید»

۞۞۞۞۞۞۞۞۞۞۞

با تمهید همه این مقدمات در نظر دارم تا نظر دانشمندان و متفکر این حقیقی عالم را باین نکته متوجه سازم که موجودیت انسانی ما ضمن سیر محدود و محسوس فعلی خود که محصور در ابعاد معین فیزیکی ـ زمانی ـ فضایی است، صاحب اختصاصات و وجوه دیگری است که در اکثر آثار تحقیقی بآن توجه کافی مبذول نشده و نمی شود، زیرا موجد و موجب همهٔ این آثار و حرکات و نتیجتا قاضی همه خوبیها و بدیها، کمیت ها و کیفیت ها و جنگ ها و صلح ها، موجودیت متحرک و منسجمی است بنام انسان که دارای قوای فیزیکی ملموس و نیروهای کیفی شعور و احساس و عقل و توهم و تصمیم و اراده و اختیار و غیره است. لذا لازمست تا ما در این مجال هر چند مختصر، عامل همه این کردارها و رفتارها را تا حدودی معرفی نموده و بشناسیم.

ابعاد مختلف انسان که از شگفتی های وجود است هر یک درجای خود روابط وسیع و منطقی با محیط داخلی و خارجی خویش دارد. موجودیت فیزیکی او تحت شرایط فضائی ـ زمانی صاحب اعمال متابولیکی و انتظام سلولی حساب شده‌ای است که نتیجه یک چنین رابطه

علمی منتهی باین است که از عمر تقریبی موجودیت انسان میلیونها سال
فقط بر روی این کره میگذرد. **قدمت یک چنین مجموعه حاکی از**
انتظام عادلانه و وسیعی است که امکان زیست و تکثیر و تطبیق او را
تا کنون فراهم نموده است. علوم فعلی فیزیولوژیکی و بیولوژیکی و
فیزیک و شیمی در شرایط زمین و فضای جو، صاحب اکتشافات و نکات
باریکی است که هر روز پرده‌ای از نسبت‌های موجود او را بررسی میکند
و از کشف آن متحیر است.

اهمیت شناسائی انسان بمیزانی است که تحقیقات علوم رو به تا
آنجائی که تاریخ علم بیاد دارد جزء یا اجزائی از آنرا به زیر ذره‌بین‌های
دقیق و نظرات متفکرین قرار داده تا گوشه‌هائی از موجودیت انسان را
پرده‌برداری نماید. علوم پزشکی و بیولوژیکی در صدد است که با کشف
همه عوامل امکانی و جسمانی انسان، تعاریف خاصی برای او بدست
آورد و بدین وسیله تصویری واقعی از او نشان دهد. تحقیقات داروئی و
بیوشیمی موجود نیز ترکیبات داخلی و آثار موجودیت او را در یک جهان
شیمیائی و مادی بررسی نموده تا بر اثر اجرا و تجویز مواد مناسب، تعادل

نسبی جسم اورا در قبال اختلالات مختلف بیولوژیکی و محیطی حفظ
نماید. در این رشته از تحقیقات هر کدام از اجزاء و ارگان‌ها پاره پاره شده
و بدست متخصصین کار آزموده سپرده شده تا در درمان و حفظ سلامت و
آسایش او کوشش کافی نمایند. اعجاب همه متخصصین علوم بیولوژیکی
این نیست که در مقابل سازمان پیچیده انسان با همه تلاشهای وسیع به
نتایج قابل اطمینان و صددرصد دست پیدا نکرده‌اند!؟ عظمت مکانیسم و
سازمان تودرتوی این موجودیت که حجمی کمتر از یکمتر مکعب و وزنی در
حدود ۱۷۰ پاوند بطورمتوسط دارد چنانست که یک فرد متخصص برای
بررسی همه اجزاء او کافی نیست ونتیجتا رشته‌های تخصصی فرعی برای
بررسی هر قسمت از او بوجود آمده و می‌آید.

همچنین رشته‌های روانشناسی و روان درمانی بر اساس تئوریهای
خود در نظر دارد تا زوایای نهانی فکری و شخصیتی انسان را تشخیص داده
و تعاریف دیگری را براساس رفتارهای فردی و کردارهای اجتماعی او
عرضه نماید. در این مختصر مجال باید بگویم روش این تشخیص نیز که
کلاً بر اساس حدسیات و تئوریها و بررسی آثار خارجی و حرکتی

انسانست از مراکز و علل درونی، حقیقتاً خبری ندارد و نتایج حاصله فقط ارتباط دادن قرینه‌ها و یاآثاری است که از این منبع بدست می‌آید.

تحقیقات اقتصادی و روشهای سیاسی و بطورکلی علوم اجتماعی، انسان را بعنوان واحد یک اجتماع با مشخصات کاملا متفاوتی تعریف می‌کند. انسان در این نوع نیاز و موقعیت، تحت روشها وضوابط سیستماتیک برنامه‌ریزی‌ها بعنوان تولید کننده و مصرف کننده در نظر گرفته شده ودرعین حالیکه ظاهرا حاکم برسرنوشت خویش است و بعنوان قانونگذار و یا طراح، عامل بوجود آمدن قوانین است ولی متبوع قوانین و قدرتهای قراردادی خود میشود. بنابراین باید سئوال کنیم، **اگر قوانین و روابط و ضوابط ثبت شده درهراجتماعی بتوسط افراد همان جوامع طرح واجراء میشود پس علل نارضایتی، برخورد، تحولات و انقلابات و کشتارهاچیست؟ واز اینکه نتایج انقلابات کلی و اجتماعی باینجا منتهی میشود که هر انقلابی فرزندان خود را می‌بلعد از چه عاملی سرچشمه میگیرد؟**

پس نتیجه منطقی از تاریخ اجتماعی و روشهای سیاسی اینست

که در یافتن تعریف کاملی از انسان و روابط جانبی او به نتایج قابل اطمینان دست پیدانکرده و موضوع هنوز هم لاینحل است.

متفکرین فلسفه های نظری و ایدئولوگیهای اجتماعی که دربند طرح یک جامعه خودکفا و سعادتمند بوده و بنحوی ایجاد یک مدینه فاضله را لازم دانسته و طرحهای بزرگ اجتماعی را قالب بندی میکنند، واحد انسان را در این نوع تفکرات، اکثراً بعنوان واحد محکوم و مقید و درعین حال ارزشمندی میدانند که ارزش انسان در این منطقه بستگی به تعاریف و رعایت خود سیستم اجتماع دارد.

نقائص این تعاریف هم بحدی واضح است که بعنوان نمونه اگر در خود این سیستم ها نیروهای مخفی اطلاعاتی و امنیتی و شکنجه و شتشوهای تبلیغاتی مغزها بکارگرفته نشود، موج نیروی بظاهر اجتماعی همه سازمانها در اندک مدتی از هم می پاشد.

براستی ما درتحقیقات خود از بشر چگونه باید نام ببریم تا متضمن همه وجوه و یا زوایای حقیقی از او باشد؟ اینمطلب مرا بیاد تصاویری میاندازد که بشر متفکر امروز در علوم و تحقیقات فضائی خود بر روی سفینه پایونیر١

(PIONEER I) بـرای اطلاع سـایر سـاکنین کرات ترسیم نمود. این تـصاویر، طرح فیزیکی بدن انسان را بصورتهای زن و مرد برصفحات فلزی خبری خود نقش کرده است. یعنی سادهترین شکل خارجی انسان را نـمایـش میدهـد کـه حتی از سـادهترین دستگاههای داخلی او نیز خبری نـمیدهـد. و در واقع مـنـاسبات این نوع شناسائی ویا معرفی در مقایسه با سـنگ نوشته های غارهای قدیمی بشر که نشان دادن مسیر زندگی او بشکل تـصاویـر اسـت قدمی پیشتر نگذاشته است. **منظور من این نیست کـه تـحقیقـات وسیـع و ارزش عـلـوم اکتسـابی و تجربی بشریت را در زمیـنـههـای علـمـی نادیده گرفته ویاخدای ناکرده تحقیر کرده باشم بلکـه آنچه از دیدگاه واقعبیـن قابل قضاوت وبررسی است نتایج روشهای نامعلوم وچاره جوئیهای کوتاه مدت است.**

منطق صحیح عقلی حکم میکند که در ابتدا باید معیار مشخص و قابل اتکائی برای انسان شناخته شود تابراساس آن بتوان هرسیستم ویا قالب اجتماعـی را برای او و درنظر گرفت و به اجرا نزدیک نمود. بنابراین طرح چارچوبهای اجباری که با طبیعت و شخصیت حقیقی

انسان مطابقت ویاالفتی ندارد ناچاراً بر اثر گذشت زمان کوتاهی بحالت انفجار ودر هم شکستگی خواهد انجامید. لذا قوانین و روشهای اجتماعی هرچه باشد زمانی ضمانت اجرائی و تداوم خواهد داشت که با اصل وجودی و طبیعی او مغایرت عملی و منطقی نداشته باشد.

بهمین منظور لازمست تا نقاط نظری عرفان را درباره انسان و شخصیت جهانی او که مورد تعالیم انبیاء الهی و دین است بدانیم. **حضرت مولاناشاه مقصود** عارف یگانهٔ زمان ما ضمن رساله **آواز خدایان** بشریت را مخاطب قرارداده و میفرماید:

«در سرنوشت طبیعت عهدهای آدمی آشکار است ولی بحواس انسانی ناشناخت میآید.»

علوم تجربی و تئوریهای مختلف بشر ضمن بررسیهای گوناگون عمر منظومه شمسی ما را از میلیاردها سال متجاوز میداند. حال محاسبه و تصور عمر یک کهکشان و یا سایر مدارات فلکی و پهنه این فضای بیکران جای خود دارد. به مجموعه بسیار کوچک فوق که برای این توضیح مختصر

بعنوان نمونه انتخاب نموده‌ام توجه فرمائید. این عمر تقریبی هر چند سال
که میخواهد باشد ما را باین نکته مهم متوجه میسازد که در این مدت
طولانی و با وجود همه این تحولات و تکامل و تغییرات و از سوئی تأثیرات
و جاذبه‌ها و میدانهای نیرو، اصل ایستایی و عرضه این مظاهر محیرالعقول
برحول چه محوری چرخش دارد؟ که در طول این مدت که بنظر طولانی نیز
میرسد دائما بر تحول و استقامت خود در نهایت آرامش و صلح ادامه داده و
میدهد؟ چه قانونی در گزارش این سیر تقریباً ابدی حاکم بر اجزاء و
روابط انفرادی است که مانع از اختلال در پرورش و ادامه تکامل
مظاهر طبیعی میشود؟

توجه و کشف این اصل که مایه بقای نسبی چنین اجرام و اجسام
بظاهر لاشعوری است شاید کمک شایسته در برقراری و فهم یک
مفهوم نسبی و در عین حال وسیع از صلح باشد. زیرا در عرفان دین،
هدف نهائی انبیاء و اولیاء در   .ی به آرمانی است که مترادف با
معنی ابدیت و صلح کلی است.

خداوند در سوره ق آیه ٦ و ٧ می فرماید:

افـلـم ينظرواالـى الـسـماء فوقهم كيف بنيناهاوز يناهاومالها من فروج.

والارض مددناهاوالقينافيهارواسى وانبتنا فيها من كل زوج بهيج.

(چرا بـرفـراز خود در آسمان نمینگر ید که چگونه بر پا ساختیم وآنرا آرایش دادیم و درمیـان آن هیچ شکـاف و رخنـه‌ای نیست. و زمین را چنان گسترانیدیم و در آن تکیه گاهها (میدانهای گونا گون) افکندیم ودرآن از هر جفتی ز یبا رو یش دادیم.)

و در سوره فصلت آیه ٦٤ قرآن فرماید:

الله الذى جعل لكم الارض قراراوالسماء بناء وصوركم فاحسن صـوركم ورزقكم مـن الطيبات ذلكم الله ربكم فتبارك الله رب العالمين.

(خـداونـد اسـت کـه زمین را محل استقرار و آسمان را مبنا و سازمان دهنده شمـا قرار داد، و پیکر شمـا را به نکوتر ین وجهی ساخت و پاکیزه ها را روزی قرار داد، اینـست الله پروردگـار شمـا که بزرگ است پروردگار عالمیان.)

بنابراین، مگر مدارات فعلی و سیارات براساس مرکز یت خورشید و جواذب نافذ در همه اجرام تنظیم نشده؟ مگر فواصل متناسب با بزرگی و کوچکی کرات نسبت به این مرکز یت مستقر نگردیده است؟

نتیجه آنکه با وجود این تناسب و هماهنگی و اطاعت عالمانه، ثبات و قدمت میلیاردها سال در این منظومه تامین و تاکنون در سیر طبیعی خود سیار است. بنابراین سعی کنیم جوابی منطقی باین سئوال پیداکنیم که: کدامیک از سیستم های اجتماعی و یا حکومتهای مرکزی در طول تاریخ بشر از ثبات نسبی و رضایت بخشی برخوردار بوده و هست؟ آیا علل عدم ثبات موجود پیروی از اصول ناشناخته و خلاف طبیعت خود انسان نیست؟

بهمین مناسبت است که می بینیم بشر برای نجات از تداوم قدرتهای حاکمین جبار و حکومتهای موروثی خودکامگان بتدریج بسوی سیستم های حکومتی جمهوری روی آورد. این بآن علت است که سیستم های موجود واجد تداوم و قدرت اعمال قوانین عدالت اجتماعی نیست. و در حقیقت سیستم های جمهوری برای فرار از استبداد گران بوجود آمد نه آنکه متضمن سعادت بشری باشد. زیرا سیستم های موقتی

و کوتاه مدت گویای این اصل است که راههای ثابت‌تری پیدا نشده است. و در همین سیستم‌ها، روشهای فئودالی به سوی مرکزیت و قدرتهای حکومت فدرالی متمایل گردید.

از سوی دیگر هرگاه تشکیلات کرات و سیارات بظاهر حجیم و بزرگ را با سازمان اتمی عناصر مقایسه کنیم، بسادگی ملاحظه میشود که رابطه مستقیم ساختمانی و سازمانی نیروهای داخلی هر عنصر، همانند زمین و سایر کرات منظومه از یک قانون واحد نافذ تبعیت داشته و عمل میکند.

نتیجه رعایت و برخورداری از این اصل وسیع است که موجبات ثبات نسبی فیزیکی فعلی را فراهم نموده ودرحال حاضر طبق دستگاههای تخمینی و محاسبات ما میلیاردها سال عمر ثابت دارد. لذا مقایسه منطقی این دو موضوع ما را باین سئوال منصفانه متوجه می سازد که: **اصالت یک ذره این عالم در ترکیبات داخلی و روابط خارجی خود ثابت‌تر است یا ثابت‌ترین قوانین بظاهر اخلاقی، فکری، علمی و فلسفی همه انسانها در دوران عمر بشر؟ و آیا منطقی نیست که بگوئیم حداقل هر وقت بشر به این منطقه علمی و وسیع دست پیدانمود خودبخود واجد**

قوانینی است که موجب بقا وضامن روابط انسان حقیقی واجتماع او خواهد شد؟.

فاکتور ثابت و عامل نگهدارنده ذرات در مجموعه متعادل مظاهر هستی اصل تسلیم است. علت بقاء تظاهرات تقریباً ابدی ذره و انرژی، تسلیم موجودیت آن و رعایت همه جانبه و دائمی از قوانین نافذ و ثابت وجود است. شناخت این اصل که حاکم برسرنوشت همه ذرات و کهکشانها و خصوصاً حقیقت انسان است مارا بمنطقه وسیع دانش طبیعت و آرامش واقعی آشنامی سازد زیرا می بینیم که هیچ ذره ای از نفوذ و پذیرش قوانین طبیعت بنحوی که مستقلاً قادر بانجام کاری باشد خارج نیست و در یک انتظام علمی و مدبرانه قادر به عرضه مظاهر مختلف در شئون کلی طبیعت است.

بنابراین اگر بشر محقق امروز از مفاهیم عوامانه و تعبیرات غلطی که حاصل رفتارهای افراطی و برداشتهای سطحی از معنی اسلام است صرفنظر نماید، نظر متفکران منصف را باین نکته که در قرآن مجید ضمن سوره ٣ آیه ١٩ نازل شده جلب مینمایم:

انّ الدّين عندالله الأسلام. (بدرستيكه دين نزد خداوند اسلام است)

در يافت واقعى چنين عظمتى در تاريخ سرنوشت لايتناهى و معرفت

همه انبياء جالب توجه است كه آنان را در مسير شناخت حقيقت رهنمون

بوده است، چنانكه در قرآن مجيد فرمايد:

ما كان ابراهيم يهودياً ولا نصرانياً ولكن كان حنيفاً مسلماً و ما كان

من المشركين (سوره ۳ آيه ۶۷)

(ابراهيم نه يهودى بود نه مسيحى بلكه او مسلمانى يكتاپرست بود و از

مشركين نبود.)

ام كنتم شهداء اذ حضر يعقوب الموت اذ قال لبنيه ما تعبدون من

بعدى قالوا نعبد الهك واله آبائك ابراهيم و اسمعيل و اسحق الهاً واحداً و

نحن له مسلمون. (سوره ۲ آيه ۱۳۳)

(يا بوديد گواه زمانى كه يعقوب را مرگ در ميربود و بفرزندان خويش

گفت بعد از من چه را ميپرستيد گفتند پروردگار تو و پروردگار پدران تو

ابراهيم و اسمعيل و اسحق را خداوندى يگانه و ما براى او مسلمان

هستيم.)

از این نـمونه آیات در قرآن فراوان نازل شده و همه آنها اشاره و هدایت

به اصلی عظیم در شناسایی واقعیت نهایی وجودی بنام دین شده است.

دین نیز علیرغـم دسته‌بندیها و گروههای مختلف عبارتست از

استقرار فرد انسانی در واقعیت نهایی ازلی، که در قرآن کریم سوره ۵۱

آیات ۵ و ٦ باین نحو نازل گردیده است:

انما توعدون لصادق . وانّ الدّین لواقع

(آنچه وعده داده شوید راست است . وهمانا دین واقعیت است.)

اسلام که از ریشه کلمه سلم است بـمـعـنـی صلح و آرامش است و

درخصوص این معنی کلام ارزنده و راه گشای مولای متقیان امیرمؤمنان

علـیـه‌السـلام هـدایت کـنـنده جوامع و انسانها برای شناسائی این

مبدأیت اصیل است که فرماید: **الأسلام هوالتسلیم و التسلیم هو الأقرار.**

(اسلام هـمـان تـسـلیم و تسلیم عبارتست از استقرار و ثبات در عین واقعیت

ثابت وجود)

اگر فرمایشات الهی فوق بعنوان معادلات منطقی ما را به نتایج واقعی

نزدیک نماید در اینصورت باید بگوئیم که، **هدف نهایی در تعالیم اسلام**

عبارتست از کشف نهایی قوانین حقیقی وجود و حصول آزادی و عدالتی است که بوسعت همه لایتناهی نامحدود است و در کاربرد عملی خود بقدر نفوذ قوانین طبیعی و گستردگی جواذب و نیروی علم نگهدارنده افلاک، موجب صلح و بقاء همه جوامع بشری و افراد انسانی خواهد بود.

لذا انسانهایی که به کشش محبت و اعتدال حقیقی مجذوب مرکزیت وجودی حقیقت باشند از خواسته‌های افراطی و خبط و اشتباهات نفسانی خلاصی یافته و وجودشان محل انتشار عشق و محبت و سلامت خواهد گردید.

برای رسیدن به این هدف علمی که فصل مفصل و دقیقی را در عرفان بخود اختصاص میدهد، اینست که بشریت موجود و متفکر باید در اول گام، عامل همه این تفرقه و جنگها و ناآرامیها را که بنام انسان نامیده شده و واحد ثابت این مجموعه حرکات و مؤثر در اعمال است بشناسد تا با شناخت اصول فردی و روابط نسبی اجتماعی او، محرکین غیرمتعادل و امراض رنج‌آور اجتماعات او را اصلاح و هدایت نماید.

در تعلیمات عرفان اسلام، انسان صاحب ابعاد مختلفی است که اختصاراً به چند وجه او اشاراتی میشود.

۱- طبیعت انسان مادی گرا

انسان در ترکیب طبیعی و قوای احساسی و غرایز حیوانی، دستگاه پر سلولی و حجم متحرکی است که براساس نقاط تحریک و تقاضا و نیازمندیهای بی انتها و اشتهاهای کاذب خود مجموعه ای از خصوصیات افراطی طبیعت حیوانات است.

تحریکات افراطی و امیال ترکیب و امتزاج با عوامل محیطی او همانند حیوانات از درندگی وسبعیت و وحشی گیری تبعیت دارد و در این میان خودخواهی و تنازع بقای طبیعی باو اجازه نمی دهد تا مسیر صحیح تری را برای خود بشناسد.

خداوند در خصوص این لایه از انسان در قرآن مجید ضمن آیات زیر فرماید:

و یدع الانسان بالشر دعاه بالخیر وکان الانسان عجولاً. (سوره ۱۷ آیه ۱۱)

(در این حال انسان را به شر میخواند همانطورکه نیکوئی را نیز میطلبد و

اوست شتاب کننده به هر دوجهت)

(سوره ۷۰ آیات۱۹و ۲۰و ۲۱)

ان الانسان خلق هلوعا. اذامسه الشرجزوعا. واذامسه الخیر منوعا.

(بدرستیکه انسان آزمند خلق شد. هرگاه اورا ناملایمات و بدی رسد فریاد ناله برمیآورد. و هنگامیکه خیر ونیکوئی داشته باشد امتناع کننده میشود)

(سوره ۸۰ آیه ۱۷و ۲٤)

قتل الانسانماکفره.فلینظرالانسان الی طعامه.

(آنچه انسان را میکشد حق پوشی اوست. پس نظرگاه انسان بسوی امیال و خوراک اوست) به تعبیرات ذهنی جهان ما یعنی اقتصاد مادی!

(سوره ۱۰۸ آیه ۲)

ان الانسان لفی خسر.

(بدرستیکه انسان در زیانکاری و تباهکاری است)

واما خلق طبیعت انسان در این لایه به پیروی ازهمه عوامل طبیعی و ترکیبات متغیر مادی در شرایط مقرر ومقدر فیزیکی است با تمام

خصوصیات خلقت مظاهر طبیعی . خداوند سیر این خلقت را درآیه ٢٤ از

سوره ٤ چنین فرماید:

یـریـداللـه ان یـخـفـف عنـکم وخلق الانسان ضعیفـا.

(خداونـد خـواهـد کـه امور را بـرشمـاسبک کند و آفر ید انسان را ناتوان)

درلایـه هـای محـدود انسـان آثـارعمـلی بـجز مقدمات و مقدرات محدود

نمی تواند باشد. و در سوره ٢٣ آیات ١٢ و ١٣ و ١٤ فرماید:

ولقد خلقنا الانسان من سلاله من طین . ثم جعلناه نطفه فی قرارمکین .

ثـم خـلقنـا النـطفـه علـقـه فخلقناالعلقه مضغه فخلقنا المضغه

عظـامـا فکـسونـاالعـظـام لـحمائم انشاناه خلقااخرفتبارک الله

احسن الخالقین.

(همانـا انسانرااز چـکیده گل آفر یدیم. سپس چکه آبی را درجایگاهی

مستقـر قراردادیم. پس نطفه را خونی بسته آفر یدیم، از خون بسته گوشت

ر یزخـلق کردیم و از گوشت ر یز استخوان آفر یدیم و به گوشت پوشانیدیم

سپس اورا به آفر ینش نهائی پدیدآوردیم، پس اورا به مـقام بـهتر ین

آفر ینندگان متبارک فرمودیم.)

خلقت چنین مجموعه ای در معنی تام خود، خلق حیوانی با شعور است که از ترکیب و تکامل چنین دوری بمنطقه ظهور خود در طبیعت رسیده است. ولی در مجموعه وسیع فعلی ولایه حیوانی او که ترکیبی از همه خواستها و غرائز و اعمال و امیال او طبق نیازمندیهای اوست سرگرم تدارک و تنظیم هرچه بهتر آنهاست. **بنابراین تغییرات محیط زیستی و بهترکردن شرایط وامکانات آن از منبع باشعور لایه طبیعی ناشی میشود.**

انسان در این مرتبه از حیات طبیعی از قوانین و اصول جذب و مصرف و ذخیره و دفع مازاد همانند سایر شئون طبیعت عمل میکند. اما چون از اصل اعتدال بعلت افراط و حرص و طغیان خواسته ها بدور میماند برخلاف بسیاری از انواع موجودات از تخریب منابع و گسستن روابط اطراف خود ابا ندارد. لذا تحت شرایط مزبور مشمول آیه ١و٢ از سوره ١٠٢ قرآن است که میفرماید:

الهیکم التکاثر. حتی زرتم المقابر.

(فریفت شما را افزون جوئی . تا شما را در گورهای متفاوت قراردهد).

در این بُعد از افکار و تمایلات، انسان برده ای است که بجز اجرای نظر فرمانده مخرب خود راه نجاتی ندارد وهرسیری اورا به گرسنگی های متعدد دیگری میکشاند که عاقبت او نامعلوم است.

سوره ۲۵ آیات ۲۸ و ۲۹

یا ویلتی لیتنی لم اتخذفلاناخلیلا. لقداضلنی عن الذکر بعد اذجائنی وکان الشیطان للانسان خذولا.

(ای وای برمن، ایکاش ناشناخته را بدوستی نمیگرفتم، همانا که مرا از یاد حقیقت پس از اینکه بیامدم گمراهم کرد وشیطان است که خوارکننده انسانست)

سوره ۵۹ آیه ۱۶ فرماید:

کمثل الشیطان اذقال للانسان اکفرفلما کفرقال انی بری منک انی اخاف الله رب العالمین.

(مثل شیطان آنست که بانسان گفت حق پوش شو و چون چنین شد شیطان گفت من از تو بیزارم زیرا من از خداوند پروردگار جهانیان می ترسم)

خواستها و سراب تمناها و آرزوها و نیازهای طبیعی که از

اختصاصات لایه طبیعت انسان و افکار اوست حکومت شیطان را در این معنی تشکیل میدهد که خود آنها از قانون طبیعت بنابحکم خودشان (ترس) تبعیت دارند. دراین میان انسان کیست که مخاطب جدائی از همه عوالم ناشناخته غیر اوست؟

اصل مهم عرفان اینست که انسان در عوالم طبیعی متظاهر میشود ولی باسیر طبیعت ادامه حیات حقیقی نمیدهد.

قوانین وحوش در جنگلها چرا انسان متفکر را متوجه و متعرض بیعدالتی نمی نماید؟ درجواب گفته میشود که روابط وحوش و حشر ونشر آنها تابع محیط زندگی و خواستهای وحش طبیعی آنهاست. قوی میدرد و میخورد و ضعیف خوراک اقویاست لذا در نظام طبیعت ضعیف پایمال است.

خوبست که در این باره به اعلامیه انسان حقیقی درعرفان یعنی **مولانا المعظم حضرت شاه مقصود صادق عنقا** توجه شود که در رساله نیروان جوهره حقیقی و مبارز انسان را مخاطب قرار داده وفرماید:

«واهمه های مجعول و شهوات شیطانی بقیافه های زننده و صور وحشت زا، نیروان را محصور کرده وآتش مبارزه مرگ وزندگی را در

برابر دیدگانش دامن میزدند. گویی شیطان مالک و آفریدگار و
نیروان بندهٔ زرخرید اوست.»

«این تصور ظالمانه و احمقانه ایست که همواره متجاوزین خونخوار و
خودخواه داشته و تمرد ضعیفان را از این رسوم بربریت گناه غیرقابل
بخششی انگاشته‌اند.»

روشهای مصنوعی که برای حفظ نسل وحوش در باغ وحش‌های
طبیعی یا شهری تعقیب میشود اینست که انواع ضعیف را از دسترس
درندگی حیوانات وحشی محفوظ نگهمیدارند و عجالتاً میله و تورسیمی
قفسها آنها را از یکدیگر جدا نگهمیدارد. ولی همه این تدارکات جنبه
موقتی دارد و بمحض برداشتن حصارها قتل و تجاوز بشدت روز اول
جریان پیدا میکند. این مثل بی شباهت به نمونه‌های موقتی و تمدن‌های
مصنوعی با معیارهای اجتماعی غیرحقیقی نیست. لذا باید بگویم که
امراض و دردهای اجتماعی مثل خودکشی، الکلیسم و مصرف مواد
مخدره و سایر اعتیادات مضره ناخودآگاه اعلام اعتراض انسان به
روشهای تربیتی غلط اوست که در لایه فعلی بعلت حصارهای موقتی

اجتماعی امکان ضربه زدن ودرندگی دیگری را ندارد بناچار خود را در معرض نابودی و انهدام قرار میدهد. البته این موضوع بآن معنی نیست که ما برای تخریب وتجاوز وقتل جواز صادر کنیم وبرای ارضاء تمایلات وخودخواهی ها، تجاوز به همنوع را الزامی بدانیم، بلکه درنظر است تا علل این امراض را توضیح دهیم وروش تربیتی صحیح آنرا ذکر نمائیم.

استقرار انسان دراین لایه، موجب محرومیت ودرعین حال بردگی چاره ناپذیری است که تاریخچه حیاتی وزندگی اورا در ردیف جمادات، نباتات وحیوانات رقم میزند. وبهمین مناسبت در مقابل القائات وتعلیمات انبیا که خبرگزار عوالم لطیف تر انسانی اند عکس العمل مثبتی نشان نمی دهند. بنابراین دیده میشود که قوم بنی اسرائیل درغیبت کوتاه مدت **حضرت موسی علیه السلام** به ساخت بتهای خویش روی میآورند و به تبعیت از خواسته های طبیعی از هدایت وتعالیم او سرباز می زنند و **حضرت عیسی (ع)** را درمیان انبوه مخالفین می یابیم که به حواریون میفرماید:

انجیل متی ١٣:١٣

«از اینجهت با اینها بمثلها سخن میگویم که چشم دارند و
نمی بینند و شنواهستند و نمی شنوند ونمیفهمند.»

وکاتبان ریاکار در کنیسه را چنین مخاطب قرار میدهد: انجیل متی

٢٣:٣٣

«ای ماران وافعی زادگان چگونه از عذاب جهنم فرارخواهید کرد.»

و دیده میشود که رای قوم، در محاکمه پیلاطس فرمانده رومی، یک دزد
مشهور را به پیامبر خدا ترجیح میدهد ومساعی کَهنه برای کشتن عیسی (ع)
به نتیجه میرسد. در انجیل متی ١٦:٢٧ و١٧و١٨و١٩و ٢٠و ٢١ شرح این
واقعه بدین نحوآمده است که:

«در آنوقت زندانی مشهور برابّا نام داشت. پس چون مردم جمع شدند
پیلاطس ایشان را گفت که اورا میخواهید برای شما آزاد کنم برابّا یا
عیسی مشهور بمسیح را. زیرا که دانست اورا ازحسد تسلیم کرده بودند.
چون بر مسند نشسته بود زنش نزد او فرستاده گفت با این مرد عادل ترا
کاری نباشد زیرا که امروز در خواب در بارۀ او زحمت بسیار بردم. اما

روسـای کَهـنـه و مـشایخ، قوم را براین ترغیب نمودند که برابّا را بخواهند و عـیـسـی را هلاک سازند. پس والی بدیشان متوجه شده گفت کدام یک از این دونفر را میخواهید بجهت شما رها کنم گفتند برابّا را.»

وبدین جهت پیامبر خدا که جایگاهی درطبیعت انسانها نداشت درقضاوت عمومی درمقابل یک دزد، رأیی را بخود معطوف نمیدارد.

وحی وهدایت خداوند، انسانی را که در زنجیره و تلاطم طبیعت اسیر مـانـده، ازدریافت معانی عالی تر ومقام حقیقی لطائف محروم می شناسد.

و ضمن سوره ٧ آیه ١٧٩ فرماید:

ولـقـدذرانـا لـجهـنـم کثیرامن الجن والانس لهـم قلـوب لایـفقهون بها ولهم اعین لایبصرون بها ولهم اذان لایسمعون بها اولئک کالانعام بل هم اضل اولئک هم الغافلون.

(و برای جهنم بسیاری ازجن و انسان را بیافریدیم که دارای قلوبی هستند کـه بآن تـفقـه نمی کنند و چشمانی دارند که بآن نمینگرند و دارای گوش هسـتـنـد و نـمـی شـنـوند آنان همانند چهار پایان بلکه پست ترند واین دسته غافلان هستند.)

ودر سوره ۷۱ آیه ۷ فرماید:

وانـی کلمادعوتهم لتغفرلهم جعلوااصابعهم فی آذانهم واستغشوا ثیابهم واصرواواستکبرواواستکبارا.

(و زمـانیکه آنان را برای آمرزش دعوت کردم انگشتان خویش رادر گوشها فـرو بـردنـد ولبـاسهـا (حجابهای متعدد) برخود پوشانیدند و در آن اصراری مستکبرانه ورزیدند.)

ودرسوره ۴۱ آیه ۴۴ مـوجـودیت طبیـعـی انسان ندای سلامت را بدرستی تشخیص نمیدهد:

والذین لایومنون فی آذانهم وقروهوعلیهم عمی اولئک ینادون من مکان بعید.

(و آنـانکه ایمـان نمی‌آورند صاحب گوشهای سنگینی هستند که برآنها کوری میگذارد و آنانند که از جایگاهی دور خوانده میشوند.)

«در این عـالـم طبیعـت با طبیعت داد وستد دارد، که امواجش کـمـنـدهای شیطان است و در محیطش دوروئی‌ها و اضداد با هم به صـلـح و جنگند. دیوان پری رو، مانند درندگان خوش نقش و گرسنه،

بنام‌های خـود، انسان‌ها را درخـویش مـی‌بلعند و مزبله‌هایش به خونخواری عاصیان پررونق است، وتیرگیهای عمیقش حجابهای ضخیم انوار هدایتند.» «کتاب نیروان»

۲ ـ انسان ملکوتی

همـانگونه کـه الـماسهای گرانبها در میان لجن زار به آلود گی تن در نـمی دهند و رگه‌های پاکیزه طلا در دل خاک جای دارند و ازناپایداری و میـل تـرکیب بـا خـاک در معـادن بیزارند ودرخشند گی ذاتی او در منظر ابتـدائی نیز چشمگیر و دلیل جدائی او از خاک خام و سست بنیاد است، انسـان نیـز صـاحب مشخصات ارزشمند دیگری است کـه در درون عوالم خـاکی و طبیـعی و درخشـش و حشر جداگانه‌ای دارد. واقعیت چنین حقیقتی چون اصالت عالمانه‌ای دارد، قوانین وحتی مظاهر او نیز از عوالم طبیـعی و افکـار افراطی وسطحی انسان مجزا وقابل تشخیص است. از خـاکست و ناپایدار نیست و در میان تیرگیهای طبیعت اطراف، متغیر و متمایل نیست.

و بـایـن تـرتـیب بُعد قابل اطمینان و اصیلی در کنه وجودی انسان پنهان است که از دسترس افکار و احساسات خام طبیعی و مکانیسم ارگانیک او بدور است.

شخصیت مورد تعالیم و ابلاغات پیامبران درحقیقت این بخش از انسانست که دارای گیرندگی خاص و تربیت مخصوصی است. همینقدر که اساس ترکیبات و امتزاج و محصولات خاک، با ذخائر ارزشمند تحت الارضی آن متفاوت و مشخص است، لایه‌های موجودیت طبیعی انسان نیز با عوالم ملکوتی او کاملا مجزا و صاحب ارزشهای مختلفی است. اگر استحکام و یا بقای نسبی سطوح بر پایه قدرتهای نگهدارنده اساس تحت الارضی است، **شناخت حقیقت انسان در محیط ملکوتی نیز منجر به استقرار قوانین صحیح تر و پایدارتری میگردد.**

بهمین مناسبت فرمایش و تعلیم **حضرت عیسی علیه السلام** برای هدایت نفوس انسانی بسوی ملکوت و راهنمایی **حضرت موسی علیه السلام** برای دستیابی به سرزمین موعود از همین نکته حاصل میشود. در انجیل لوقا ۱۰:۸

«گفت شما را دانستن اسرار ملکوت خدا عطا شده است ولیکن دیگران را بواسطه مثلها، تا نگریسته نبینند و شنیده درک نکنند.»

و خداوند در قرآن سوره ٣٦ آیه ٨٣ فرماید:

فسبحان الذی بیده ملکوت کل شئی والیه ترجعون.

(منزه خداوندی است که ملکوت همه اشیاء نزد اوست و بسوی او بازگشت دارند.)

و در سوره ٦ آیه ٧٥ فرماید:

وکذلک نری ابراهیم ملکوت السموات والارض و لیکون من الموقنین.

(و بدینسان به ابراهیم ملکوت آسمانها و زمین را بنمایانیم تا از اهل یقین گردد.)

و در سوره ٥٥ آیات ١ و ٢ و ٣ و ٤ خداوند فرماید:

الرحمن . علم القرآن . خلق الانسان . علمه البیان.

(خداوند. بیاموخت قرآن را. بیافرید انسان را. بیاموختش گویائی

روشن.)

کشف عوالم باطنی حقیقی انسان در تعلیمات معرفت دین چنین تجربه علمی را فراهم میاورد و بهدایت چنین مرکزیتی است که معلوم مینماید علوم حقیقی و پایدار که به ازلیت همه ابدیت است در متن وجودی انسان بودیعه گذاشته است. **وعلم قرآن همچون طومار مرقوم وجود در متن انسان قبل از تولد و ظهور امکانی پیچیده شده است. دستیابی و استقرار انسان در بعد ثابت خود امکان استماع و دریافت و مشاهده را برای او فراهم میآورد تا بمدد چنین اعتلایی از اجرا و رعایت موازین عدالت وجودی برخوردار شود.** نتیجه تعلیم و معرفت به این حقایق که خاص استقرار در محیط وسیع آنست، ابعاد شنوائی و بینائی جدیدی است که محیط سطحی فیزیک قابلیت درک آنرا نداشته وباالفبای آن آشنائی ندارد.

خداوند در سوره ١٧ آیه ٩ فرماید:

ان هـذا القرآن یهـدی للتی هی اقوم و یبشرالمومنین الذین یعملون الصالحات ان لهم اجرا کبیرا.

(همانا این قرآن هدایت میکند به آن چیزی که استوارتر است و بشارت میدهد مؤمنانی راکه کردار شایسته در همین جهت دارند و برای آنان پاداش عظیمی است.)

بهمین مناسبت است که حدس و قرائن و تفاسیر کلمات خداوند در منطقه ذهنی و تفکرات خام بشر، موجب سوء استفاده و ظهور مراکز قدرت مخرب در جوامع و آزمندیهای سبعانه افراد بظاهر روحانی قرار گرفته و میگیرد که بهیچوجه با تعلیمات و تربیت های حقیقی مورد نظر پیامبران مشابهت و سنخیت ندارد. دویست سال حکومت وسلطه کلیساها و ایجاد دادگاههای تفتیش عقاید در اروپای قرون وسطی و جنگهای سی ساله پروتستان و کاتولیک که منجر به از بین رفتن بسیاری از افراد انسانی شد از نمونه های فراموش نشدنی این نوع تجربه تلخ است. اتکاء به تعبیرات و استنباطات فکری در موردتعالیم انبیاء بهمین موضوع نیز تنها ختم نمیشود بلکه نمونه این سبعیت در بیوگرافی **حضرت عیسی علیه السلام** نیز بخوبی قابل مشاهده است که چگونه به تحریک و دسائس کاهنان مذهبی کنیسه های یهودی موجبات تصلیب حضرت

عیسی را فراهم آوردند. محتویات گزارشات حواریون حضرتش در انجیل شاهد این موضوع میباشد. **زیرا انسانی که در متن حقیقی عوالم روحانی قرارگرفته و بلندگوی حقیقت باطنی انسان در مراتب ملکوتی است در مقایسات نظری و ابعاد فیزیکی حسی قابل شناسائی نیست.**

برای توضیح این مساله مهم، این نکته را قابل اشاره میدانم که انسان در مراتب ترقی روحانی خود حدود محدود حسی خارج راپشت سرگذاشته و وارد در عوالم حقیقی خود میشود. برای توجه بآن باید بگویم که سرعت سیر امکانی انسان را در فیزیک محسوس در نظر بگیرید که بطور متوسط راه رفتنش به ٥ کیلومتر در ساعت و در حال دویدن به ٢٠ کیلومتر میرسد و یا مثلا در اتومبیل ٥٥ مایل در ساعت سفر میکند و باهواپیما حدود ٦٠٠ مایل سرعت دارد. ولی همین انسان در حدود مراتب حسی خویش دریافت کننده ارتعاشات صوتی ٣٠٠ متر در ثانیه وامواج نوری است که دارای سرعت ٣٠٠٠٠٠ کیلومتر در ثانیه است. سرعت افکار و ذهنیات انسان نیز چیزی در همین حدود است. ولی ورود به عوالم لطیف روحانی بنابه روش معرفت انبیاء، بانسان قدرتی، فوق تصور و سرعتی فوق طاقتهای

فیزیکی میدهد که او را برعوالم طبیعی و همه عوارض آن نه تنها مسلط مینماید بلکه کاشف و شاهد همه حقیقت آن میشود. نتیجه چنین پرواز روحانی، کنده شدن از علائق ناپایدار افراطی و امراض روانی دست و پاگیر فردی و آشنائی انسان با ملکوت حقیقی درون اوست که مایه صلح و آرامش همه جانبه انسان است.

قبله اهل علم و عالم معالم عرفان، پدرم، **حضرت مولانا شاه مقصود** در کتاب **زوایای مخفی حیاتی** خود چنین فرماید:

«بشر وقتی بسرعتی سریعتر از سرعت نور موفق شود برنقوش حیاتی گذشته و آینده مطلع خواهد شد و بنظر من حیات را در منطقه موجودات می شناسد. کشف حوادث آینده و قابل دید نگاهداشتن وقایع گذشته موقوف به استقرار ناظر در زمان حال است. این مورد را در عرفان شکستن دیواره محدودیت در محیط لایتناهی میگویند.»

لذا شأن انسان برای عروج به حقیقت خود که از عوالم و عوامل طبیعی او بدور باشد از یک **سیر از خود تا خود** برخوردار است و در این منطقه از دانائی، مقام او وحد مشترک طبیعت موجود و محیط لایتناهی وجود است.

ثبـات و اسـتـقـرار در چنیـن محیط گستـرده و پاک، انسانرا در تعادل وجودی قرارداده و وجـودش منبـع خیـر و رأفت و علـم و عـشق اسـت. در یافت کننده ای است که محل انتشار و ابلاغ حقیقت وجودی انسان و قوانین حقیقی هستی خواهد گردید.

لـذا بـرای روشـن ـتر شـدن افکار باید بگـویـم کـه: **پیامبران، نمونه های عـالی بشریـت و سائران و زائران بارگاه قدس احدیت، نمایش مشعشع و امثـال معلـوم حکـمت حقیقی انسان در عروج بمقامات و میادینی هستند که از دائره غفلت و قهرا خارج شده و به ذروه ملکوت اعلی پرکشیده و با اعلام و تبیین قوانین و حقیقت جاودانی وجود، عزت و حـرمت انسـانی را در اعلا ترین مقام وجودی خویش تعریف و ابلاغ فرموده اند.**

انسان و جامعه

کـارل مـارکـس در کتـاب نـقـدی بـر اقـتـصـاد سـیـاسـی CRITIQUE OF POLITICAL ECONOMY «بـطـور کـلـی انـسـان را در روابـط

تولیدات مادی اجتماعی می شناسد ومیگوید، مجموعه روابط تولیدی،

ساختمان اقتصادی جامعه را میسازد واساس ثابت همین است. و برروی

همین اساس است که سازمانهای قانونی و یا سیاسی بر پاشده و باآگاهی

اجتماعی مترادف است. روش تولید در زندگی مادی، شخصیت عمومی

اجتماعی سیاسی و روحانی جامعه را در زندگی میسازد. بنابراین آگاهی

بشرنیست که مسیر زندگی را تعیین میکند بلکه بر عکس زندگی اجتماعی

است که سازنده آگاهی بشر است!»

هگل اصول دیالکتیک اجتماعی را بعنوان تاریخ پیشرفت عقاید و

نظریه های بشر طرح ریزی نمود و بموجب همین نظریه وضع موجود را

باسم تز، پایه سئوالات خواسته های بعدی بعنوان آنتی تز اجتماعی قرارداد

و از ترکیب و تلفیق هر نظریه فکری سنتز جدیدی را بعنوان روح دانشی

بشر برای اجتماعات برشمرد!

ماکس وبر   MAX WEBER   جامعه شناس اوائل قرن بیستم میگوید:

قدرت در جامعه می بایستی به نحوی بکارانداخته شود که توده مردم را

تشویق نماید تا رضایت داوطلبانه خود را در خدمت حکام اجتماعی

بگذارند!

نیکول ماکیاول Niccoli Machiavelli در اثر خود بنام پرنس
(THE PRINCE)درحفظ منافع و استراتژی حکمروائی در جامعه
می نویسد: پایه اصلی حکومت برقانون خوب و نیروی نظامی کارآمد است
و بهمین دلیل موجودیت حکومت را در گروجنگ و سازمان های آن
میداند. و اضافه میکند، موفقیت یک حکومت در این است که جامعه را
گرفتار مسائل خود بنماید تا همیشه افراد آن جامعه بواسطه نیازمندیهای
فردی به قدرت حکومت وفادار باقی بمانند!

هانس مورگان تو HANS MORGANTHAU بعنوان معتقد به اصل سیاست
واقع بینانه میگوید: مردم جامعه را براساس منافع ملی می بایستی هدایت
کرد، بنابراین منافع ملی در ابتدا می بایستی بر پایه قدرت سیاسی ملت
استوار باشد و انتظامات قانونی می بایستی در اختیار منافع ملی باشد. و
بموجب همین اصول عقیده دارد که: دیپلماسی می بایستی خالی از هر
گونه روحیه مذهبی باشد واهداف سیاست خارجی باید در چارچوب منافع
ملی تعبیر شود!

بطور یکه در موضوعات فوق قابل مشاهده ونمونه طرز تفکر سیستم های مختلف اجتماعی است، جوامع و رهبران آن فقط بدنبال یک هدف، سیستم های مختلف را طرح ریزی میکنند وآن هدف، تامین منافع مادی و رفع احتیاجات طبیعی بهرقیمت است. نقائص این طرز تفکر بخوبی قابل ارزیابی است که همین اصول موجبات درهم ریختگی و ایجاد جنگهای سرد وگرم در هرجامعه و بطور کلی بین المللی است.

آنچه در این سیستم ها قابل ملاحظه و دردعمومی است اینست که شخصیت کاذب جامعه وروندافسار گسیخته آن در ارجحیت قرار میگیرد بدون اینکه نسبت به صلاحیت صاحبان قدرت آن برای رهبری و اعمال قدرت اظهار نظری بشود.

تعریف جوامع فعلی بشر همانند گذشته، عبارتست از شبح کاذب افکار و خواسته های افراطی تربیت نشده و نیازمندیهای بی حدو حساب افراد آن، که تحت تأثیربسیاری از عوامل جغرافیایی، قومی، عقیدتی حاصل آمده و اقتصاد برتر، هدف نهایی برای طرح هر نوع اقدامی است.

جـامـعـه کـه در تعریف عمومی عبارت از جمع افراد انسانی و خلقیات اوسـت بـایـد بـگـوئیم کـه مجموعه مقادیر ناقص یک دستگاه چگونه امکان دارد کـه نـتیجه سالم و کارآمدی داشته باشد؟ تا افراد سالم و متعادل حاکم بـرسـرنـوشـت و ایـجـاد جـامـعـه نـبـاشند عرضه چه سیستمی موجب ثبات و سـلامت اجتماع خواهد بود؟ **وقتی که حقوق بشر بطور انفرادی در سراسر جهـان مـعـلوم وقابل رعایت نباشد ایجاد سیستم های پیشرفته اقتصادی جـز ایـنـکـه حـربـه کـشنده وبرنده ای برای ایجاد جنگهای وسیعتر شود نیسـت.** حفظ منافع ملی در دنیای سرمایه داری و طرفداری از تز تولیدات اجتمـاعـی در سیستمهای ماتریالیستی، یعنی پروراندن گرگهای درنده تر کـه از قوت بیشتری برای تخریب و انهدام برخوردارند. دراینصورت برای حفـظ منافع ملی لازم نمی آید که دیپلماسی ممالک برای از بین بردن همهٔ مـنـابـع و افراد ملیت های دیگر بسیج شوند؟ هنوز چندی از این حادثه بظاهر انسانی در تـکـزاس نـمـی گـذرد کـه سـیستم های خبری و همه امکانات کـارگری و شـهری بسیاری از مناطق تجهیز شدند تا بچه ای را که در لوله ای سـرنـگـون شده بود نجات دهند. اقتصاد امریکا که بطور متوسط ساعتی ٢٥

دلار به کارگر خود میپردازد و پلیس آن اضافه کاری نمی کند ولی با همه اینها مردم در آنروز مشغول اقداماتی برای نجات میشوند. چطور برای نجات یک بچه ‎١٨ ماهه در نقطه ای از یک ایالت امریکا همه نیروها مجهز میشود ولی در موقعیت های دیگری، سرزمین ها وهمه مردم آنرا از بین میبرند و صدای طرفداری از کسی برنمیآید؟ این چگونه حقوق بشری است؟ آیا تعریف بشر در این تعبیر و اعمال یعنی صاحب قدرتی که انواع امکانات اقتصادی و نظامی دارد؟ در اینصورت با این ایدئولوژی که مبتلا به همه کشورهای قدرتمند است انتظار چه صلحی را باید داشت؟ زیرا این اعمال مبین این معنی است که ما هر کسی را خواستیم سرکوب می کنیم و هر طور که دلمان خواست زندگی کنیم. بنابراین همانطور که از قدیم هم **معمول بوده، بکاربری الفاظ در مرامنامه ها و اهداف بین المللی و ملی پوششی است در جهت انجام مقاصد نامعلوم در لباسهای زیبا و رنگارنگ.** پس خود بشر در این میانه کیست؟ همه صحبت از جامعه و جوامع بشری میکنند و این مسیر غلط فکری را در یک خوش خیالی عامیانه تعقیب کرده و میکنند. صحبت ها و تزها همه از برادری و برابری است

ولی معلوم نیست که این برابری چگونه و برادری کدام صیغه ایست. آنچه پیداست اینست که همه مطالب و اعلامیه ها به توجیه و پیشرفت اقتصادی و دلار و غله و غیره میانجامد و لاغیر. این موضوعی است که در هر دو بلوک شرق و غرب علاوه بر مسابقه تسلیحاتی سعی می کنند از یکدیگر عقب نمانند. **اگر اهداف ملی و تولیدی در سیستم های جهان امروز همین است که اعلام و اجرا میشود پس چرا در ادبیات سیاسی جهان و مکاتب مختلف آن اینهمه به هیتلر و آتیلا و چنگیزخان و خونخواری آنان بدو بیراه گفته شود.**

بشر راهی طولانی را در مسیر قرون گذشته طی نموده تا خطاهای گذشته موجب عبرت او باشد و آینده ای بسازد که تکرار اشتباهات گذشته نباشد. **بنظر من، اگر بشر حقاً بتواند حقوق خود را بتنهائی در دامنه طبیعت و روابط حقیقی با وجود دانا را کشف کند در آنصورت بشریت، حقوق بشر را تحت هر عنوان، لباس، نژاد، اعتقاد، شرق و غرب و حتی در فضا رعایت خواهد نمود. زیرا ایجاد عدالت اجتماعی ملی و بین المللی محالست مگر با ایجاد و تربیت آحاد**

عادل. در اینصورت اگر عدلی برقرار باشد دسته‌بندیهای تجاوز، قتل و جنگ بوجود نمی‌آید. پس بهترین طریق معالجه در پزشکی و سلامت بدن مداوای بعد از مرض و نهایتا جراحی نیست بلکه مؤثرترین طریقه، جلوگیری از ابتلاء بخود مرض است.

حضرت مولانا شاه مقصود عالم و عارف زمان ما در کتاب اصول فقر و تصوف فرماید:

«اما اگر سئوال شود که: ناآرامی، نارضایتی، انقلابات و تحولات لحظه‌ای یا مستمر فردی و یا جمعی انسان برای حصول آسایش و استقرار در ثباتی نسبی از کجا ناشی میشود؟ باید بگویم: اکثریت انسانها و در نهایت، اجتماعات بشری بعلت مهجور ماندن از متن هویت و حقیقت حیاتی خود و عدم معرفت باصول حقیقی ارزشهای باطنی و در عین حال آلودگی به اغراض و امراض محیط طبیعی و تمدید و تجدید سلیقه‌های انفرادی در ابعاد حسی محسوس و توقف در نیازمندیهای موقتی و سیر نشدنی روانی که عالم کسالت‌آور و بی مقصد فعلی را تشکیل داده، مسیر حیاتی خود را در قسمت نابودی از لایتناهی طراحی و انتخاب

نموده اند.))

بـالا رفتـن میزان طلاقها و پاره شدن رشته مودت خانوادگی کـه اولین و
سـاده تریـن فرمهـای اجتماعی است دلیل بارز بر خطاهای تربیتی افراد
اسـت. حقوق زنان از طرف مردان در نظر گرفته نمی شود و زنان نیز از محور
اعـمال اصلی خویش منحرف شده اند. همه این اختلافات و نارضایتی ها
بعـلت روحیه عدم تعادل و افزون طلبی در نحوه زندگی اجتماعی است.
حـاصل یـک چنیـن درهـم ریختـگی بنـاچار شخصیت نهایی جوامع و
بطور کلی بشریت را تهدید کرده و میکند.

**بنـظر مـن متـفکریـن و رهبران عالم بجای اینکه درپایه گذاری و
طـرح ریـزی شخصیـت موهـومی بنـام جامـعه اصرار داشته باشند
مـی بایسـتی بـا صرفنظر کردن از همه تجربیات گذشته خود سعی
درسازنـدگی انسـان متـعادل و هـدایت او بسوی شناخت ارزشهای
واقـعی انسـان نمـایند.** بنـابراین جوامعی طعم سعادت و نیک بختی و
مسـاوات را خـواهنـد چشیـد کـه در ترغیب آحاد انسانی خویش، اصول
آمـوزش عـملی و پرورش قوای خلاقه فردی آنان را فراهم نموده و بهرقیمتی

از تزریق سموم و مفاهیم اختراعی و ساختگی جلوگیری کنند، تابرآیند اعمال و نتایج افکار سازنده، مفاهیمی بعنوان سعادت جامعه باشد. **عرفان در این مورد روش و طریقی است که انسان را بطور انفراد با ارزشها و شخصیت درونی او که مورد نظر انبیاء الهی است آشنا می‌سازد.**

قابل اشاره در این مجال اینکه: عرفان در معنا وتعالیم حقیقی خودهمان روشی است که انسان را با ملکوت ارزشمند خویش آشتی داده و خلاقیت انسان را برای بهره‌برداری از منابع طبیعت و یک زندگی اجتماعی توام با صلح و علم و عدل پرورش میدهد. **بنابراین عرفان، دین یا مذهب جدیدی نیست بلکه راهی است که همه انبیاء از همین مسیر بمقامات روحانی و ارزشهای عالی انسانی پی‌برده و آنرا به بشریت و سعادت او ابلاغ فرموده‌اند.**

در نتیجه: سعادت و سلامت اجتماعی موردنظر و یاموردآرزوی بشر، روزی بمنصه تجربه خواهد رسید و دید خواهد رسید که جمیع افراد صرفنظر از امکانات فردی ضمن برخورداری از اعتدال جسمانی از سلامت و اعتلای روحی (البته منظور روان فرد نیست زیرا روان جزئی از کلیت روح است) نیز

بهرهمند باشند.

یک اجتماع موفق بشری از یگانگی ظاهری و باطنی همه آحاد و
مجموعههای آن حاصل میشود. بنابراین کلیه مقررات و قراردادهای
بینالمللی و اصولا سازمانهائی که با ظرفیت از لفظ بینالمللی بکار
اصلاح و تعدیل مشغولند نسبت به اجرای این موازین صلحآمیز و سعادتبخش
موفق نخواهند بود.

آموزش و پرورش

با توجه به مقدمات فوق، فرد انسان را صرفنظر از نحوه سلیقه، زبان،
خوراک، منطقه جغرافیائی زیست و سایر عواملی که برای شخص او
بعنوان اضافه و عوارض است باید شناخت. بنابراین وقتی واحد شخصیت
حقیقی انسان شناخته و معلوم شد سرایت دادن یک واحد مشخص به آحاد
دیگر آسان است. بدینمعنی که ما در سلسله اعداد ریاضی پایه همه اعداد
را (١) قرار دادیم و ٢و ٣و ٤و ٥و ١٠٠٠ وغیره از آن حاصل شده است:
قوانین جمع، تفریق، ضرب و تقسیم را با توجه به همین واحد انجام

میدهیم لذا در نفس عمل ریاضی بعنوان ضرب کردن، فرق نمیکند که عدد یک باشد یا شش رقمی، همه اعمال بعدی با توجه به این قانون عمل میگردد.

در این موقع، وقتی ارزش عملی و علمی یک فرد انسانی معلوم شد قوانین بعدی قابل طرح و اجراست. عامل اقتصادی، ملی گرایی، امکان زندگی، خلقیات اجتماعی، سلیقه های انفرادی حکام، و حادثه های طبیعی همه فرع براصل است.

ولی الاولیاء مولا امیرالمؤمنین علی علیه السلام ضمن تعلیمات و دستورات جامعه شناسی خاص خود در کتاب نهج البلاغه فرماید:

من اصلح بینه وبین الله اصلح الله مابینه وبین الناس ومن اصلح امرآخرته اصلح الله له امردنیاه.

(آنکس که بین خود و خدا را اصلاح نماید، خداوند روابط بین او و مردم را اصلاح میکند و هرگاه کسی امر نهایی انسان را اصلاح نمود خداوند امور دنیا را بر او اصلاح خواهد نمود.)

خصوصیات ژنتیکی و طرز تربیت های اجتماعی و نیازمندیهای طبیعی

و سلیقه‌های فردی انسان چیزی نیست که بتوان همه آنها را در یک مجموعه عمومی با یکدیگر جمع و تفریق نمود. درست است که حتی در مملکتی جمعیت آن مثلاً ٢٠ میلیون سرشماری میشود ولی این موضوع بآن معنی نیست که آنها را یکی بدانیم. هر کدام از افراد آن در عین حالیکه صاحب مشخصات فیزیکی متفاوتی هستند بهمان نسبت نیز از اختصاصات درونی بسیار متفاوت‌تر برخوردارند. زبان واحدی را تکلم میکنند ولی در ترکیب جملات و مفاهیم، هر کدام از اصطلاحات خاص و مخصوص بخود استفاده می کنند. همین مسأله ساده ما را متوجه این موضوع میسازد که جمع‌بندی افراد درمنطقهای اجتماعی بسادگی بدست نمیآید. **علت عمده اختلافات رفتاری و تحولات اجتماعی و تعویض قطبهای قدرت اجتماعی همین است که قوانین نوشته شده توسط یکدسته اولاً تأمین کننده اهداف و نظرات عمومی در همان زمان نیست و ثانیاً بمحض ظهور نسل بعدی همه عقاید و روشهای اسلاف، احتیاج به مرمت و ایجاد قوانین جدید دارد.**

بنابراین، بشریت تا نتواند قدر مطلق مشترک بین خود را کشف

کـنـد قـادر بـارائـه و اجـراء قوانین وقوالب اجتماعی محکم نیست. و
بـهـمـیـن دلـیـل، پـایـه گـذاری اصـول اجـتماعی براساس عوامل متغیر
هیچگاه واجد نتایج ثابت و حقیقی تر نیست.

بـا تـوجـه بـه مـوضـوعـات فـوق اسـت کـه عـقـیـده قـطـعـی دارم
تاسازمانهای مـتـفکر و هدایت کننده اجتماعات، آن اصل ثابت و
بـلا تغییر باطنی را که حاکم برسرنوشت حقیقی انسانست کشف نکنند
مـرزهای فیزیکی و خلقیات متفاوت وبسیاری صفات غیر متعادل از
مـیـان بـرداشـتـه نـمـی شـود. هـر چه در این راه و مقصود، منابع طبیعی و
امکانات مادی و استعدادهای بشری بکار گرفته شده و در آموزش عملی
این سیستم به نتایج تقریباً ملموسی دست پیدا کنیم سازنده جهان جدیدی
از روابـط و شـخصیت ثابت اجتماعی بشر خواهیم بود. دراین راه، بشریت
مـتـفـکر لازم نیست به اختراعات محیرالعقول و فانتزی دست بزند، بلکه
کشف جوهر ثابتی که مشترک همه مظاهر بشریت باشد منظور نظراست.
زیرا انسان و بشریت در سیستم پروردگاری عالم از یک حقیقت
سرچشمه میگیرد ولی در سیر طبیعی و عوامل اضافی اجتماعی ترکیبات

بظاهر متفاوتی را بدست آورده و اصل را فدای فرع مینماید.

و قرآن کریم در این زمینه ضمن سوره ٤ آیه ١ فرماید:

ایهاالناس اتقوا ربکم الذی خلقکم من نفس واحده.

(ای مردم از پروردگارتان اطاعت کنید که شما را از یک نفس خلق فرمود)

و در سوره ٦ آیه ٩٨ فرماید:

وهوالذی انشأکم من نفس واحده فمستقرّ و مستودع قد فصّلنا الایات لقوم یفقهون.

(و اوست آنکه آفرید شما را از یک نفس پس استقرار بخشید و ودیعه دار، همانا تفصیل دادیم نشانه ها را برای گروهی که اهل دانایی هستند.)

و خداوند ضمن سوره ١٠ آیه ١٩ چگونگی اختلافات و جدا ماندن از اصل ثابت را چنین فرماید:

وماکان الناس الاّامة واحدة فاختلفوا ......

و مردم نبودند مگر از ملتی واحد، پس از آن اختلاف پیدا کردند،

بهمین مناسبت است که تعلیمات قرآن کریم، روشهای سیاسی

مختلف، نژادهای متفاوت و زبانهای گوناگون را موجب جدائی و برتری جوئی و تجاوز به حقوق بشر نمیداند بلکه راهنمای استحصال اصل ثابت انسان برای استقرار یک سیستم عدالت اجتماعی کارآمد است. **لذا در عرفان، معیارها وارزشهای اکتسابی و خلقیات اجتماعی انسانرا اگر کافی برای اصلاح و پیشرفت زیست طبیعی بداند کاشف اصل حقیقی انسان نمیداند.**

در اینصورت لازمست تا انسان مسیر صحیح شناخت ارزشها و واقعیت درونی را تعقیب و کشف نماید و این تحولی است که خواه ناخواه بشریت را بسوی درک سعادت حقیقی راهنمائی خواهد نمود و در این تلاش عظیم و سازنده همه استعدادات و افراد از ارزش واحدی برخوردار خواهند بود. لذا سیستم های ایجاد شدنی، هماهنگ با واقعیت و ارزشهای انسانی از متن قوانین ازلی که منظور نظر انبیاء است استخراج و بعمل نزدیک خواهد شد. خداوند در هدایت بشریت ضمن سوره رعد آیه ١١ آلسان را مخاطب قرار داده و فرماید:

ان اللّه لایغیّر مابقوم حتی یغیّروا مابانفسهم .....

(خـداوند درهیچ قومی د گرگونی ایجاد نخواهد نمود مگر آنکه آنان آنچه در خود آنانست به تحول برسانند....)

لذا تا متفکر ین دلسوز در کشف آموزشهای صحیح و نتیجتاً دستیابی به مـرزهـای ارزشـمـنـد پرورشـی انسـان مـوفـق نشوند امید ایجاد یک نیروی صلح‌آمیز همه جانبه و حقیقی در ردیف آرزوهای محال بنظر میرسد.

در اینجا لازم است تا بنحو اختصار نقاط نظری عرفان را در مورد آموزش و پرورش که از اصطلاح خـاصی برخوردار است توضیح دهم. آموزش در این معنی عبارت از اکتسابیات نظری و تجربی محیط زندگی نیست بلکه آموزش امری طبیعی و فراهم در سازمان وجودی انسان است، بعنوان مثال در خصـوصیات خلقت انسان داشتن دست و یا عضلات و اعصاب و سایر ارگانهـای او آموزشـی اسـت که از متن حقیقی وجود به موجودیت انسان افاضـه گردیده است. در یافت این افاضه از جانب انسان، آموزش اولیه ای است که طبیعت بدون دخالت سلیقه و افکار فرد و تصمیمات موقتی او افاضـه و عـرضـه نـمـوده است. آنـچه را که یک فرد انسانی پس از تولد و آشنـایی بامـحیط طبیعی انجام‌میدهدپرورش آموزشی است که قبلاً باهمه

قوانین اصیل طبیعت به او داده شده است . بعنوان مثال ، آشنایی سیستم گوش در تجزیه امواج صوتی برای کودک و یا تطبیق عضلات چشم و عدسی آن برای تشخیص اشیاء و ابعاد خارج، پرورش امکانات موجود است که قبلاً آموزش حقیقی را برای پرورش بعدی دارد . لذا همانطور که بکار بردن اعضاء مختلف موجب پرورش استعدادهای نهانی است ، عدم استعمال آنان نیز موجب محرومیت از تسهیل در امر حیات طبیعی است و در حقیقت مثل انسان افلیجی است که رابطه های عصبی او قطع شده است ، یعنی استعداد در یافت پرورشهای لازمه را دارد ولی از آموزش محروم است .

بنابراین برای گذشتن از سطوح آموزش و رسیدن به مرزهای پرورشی صحیح، وجود عامل هماهنگی الزامی است . بهمین مناسبت بین عامل پرورش دهنده و پرورش یابنده می بایستی رابطه هماهنگ و قابل اطمینانی برای حصول پرورش حقیقی وجود داشته باشد .

هر فرد انسانی واجد خصوصیات و استعدادات مختلف غنی است که در مسیر حیات طبیعی با آن متولد میشود . امّا برای پرورش این استعدادت

در مسیر طراحی های غلط و نابجای طماعان اجتماعی اسیر مانده و در نتیجه از هم‌آهنگی حقیقی در پرورش قدرتهای خلاقه و منجمله صلح‌آمیز بدور می افتد. و متأسفانه چون عوامل هم‌آهنگ کننده صلح، نقاط ضعیف و کمی از پرورشهای اجتماعی را پرمیکند بناچار اورا از جهات آرامش و تجربه‌های صلح‌آمیز حقیقی محروم کرده است. در اینصورت به عضوی مبدل شده که بعلت عدم استعمال و پرورش کمال خویش عاطل و باطل مانده است.

کارآیی مفید آموزشها زمانی بعرصه ظهور خواهد رسید که با هماهنگی همه اجزاء تشکیل دهنده پرورش یابد. بهمین مناسبت عقیده جازم دارم که آشنایی با اصطلاحات و موضوعات ذهنی، آموزش و پرورش نیست. بنابراین لازمست با ایجاد مراکز پرورشی به طریق فوق، نسلهای مجهز و تربیت شده‌ای نوید صلح و صفای آینده بشری باشند.

پیامبر عظیم‌الشأن اسلام، حضرت محمّد ابن عبدالله (ص) در خصوص ارزشهای نهانی و امکان استخراج و پرورش خصوصیات

ارزشمند انسان در نهج الفصاحه فرمایند:

هـر کـدام از افـراد مـردم همـانند معـادنی از طلا و نقره و جواهرات اند. نیکی های آنان را استخراج کنید تا سلامت یابید. با توجـه به توضیحات فوق بسادگی میتوان فهمید که تعاریف اختراعی برای فرهنگ عمومی جامعه نیز از مغالطه و اشتباهات نظری است . زیرا آنچه کـه در تعـاریف و اصطـلاحـات ، بـعنـوان مجموعه اطلاعات سیاسی و فرآورده هـای قومی و سنن مرسوم کهن مردم تلقی شده فرهنگ نیست .

فرهنگ هر جامعه از نظر مکتب عرفان عبارت از ارزشهای معنوی و عـالی تعـلیمـات و آمـوزش و پرورش انسان کامل و مکملی است که می بایستی بعنوان معیار و محک راستی، پاکی، نیکی، خیراندیشی، صلـح، بـرادری، آدمیت و عشق بهمنوع شناخته شود . لذا فرهنگ پاک سرشتان، مصلح اخلاقی و اجتماعی بشریت خواهد بود.

بنابراین لازمست تـا جهان ما حقیقتاً برای یک انقلاب صلح آمیز و عظیـم در همـه زمینه ها آماده شود و بناچار باید ارزشهای حقیقی کلمات رایج را در معـانی اصیل قدیمی آن جستجو کنیم . مقصود من ، پیروی از

یک سیستم ارتجاعی فکری نیست، بلکه ضمن احترام و تکریم همه تجربه‌های ارزشمند فعلی، سعی شود معانی حقیقی کلماتی همانند فرهنگ و آموزش و پرورش و دین و صلح و بسیاری دیگر را که در طی قرون گذشته بعلل جنگها، برخوردها و تضادهای عقیدتی و اقتصادی تغییر مفهوم تجربی داده‌اند در یافت گردد.

ضمن عرض تشکر و امتنان از پایه گذاری چنین موقعیت و مراکزی، امید است نکات دیگری از نقاط نظری عرفان را در آینده به استحضار همه بشر دوستان و آزاداندیشان عالم برسانم.

از همه آقایان و خانم ها و اساتید محترم دانشگاهها و صاحبنظران که بنحوی در تشکیل این هسته مرکزی اقدام شایسته داشته‌اند سپاسگزاری نموده و از پروردگار عالمیان خیر و برکت و عدالت و صلح برای همه فرزندان آدم آرزومندم.

دوران عمل کوتاه است و روز پاداش نزدیک.

واشنگتن ــ امریکا
۲ دسامبر ۱۹۸۷
۱۱ آذرماه ۱۳٦٦
۱۰ ربیع‌الثانی ۱٤۰۸

فهرست کتب و مؤاخذ

فهرست اعلام شرق

فهرست اعلام غرب

فهرست آیات قرآن

فهرست احکام انجیل

فهرست احکام تورات